# 本書の見方と使い方

## 1 POINT 頻《ひん》出度（よく出る）順《じゅん》だから勉強しやすい！

本書では、これまでの試験《しけん》問題18年分（約220回分）を集計し、出題回数に応《おう》じて、A～Cのランクに分けて出題しています。試験によく出る順に学習できるので、短時間で学習できます。

**Aランク**
これまでにもっとも出題されているもの。

**Bランク**
これまでの試験でよく出題されているもの。

**Cランク**
それほど多く出題されていないが、満《まん》点をめざすなら学習しておきたいもの。

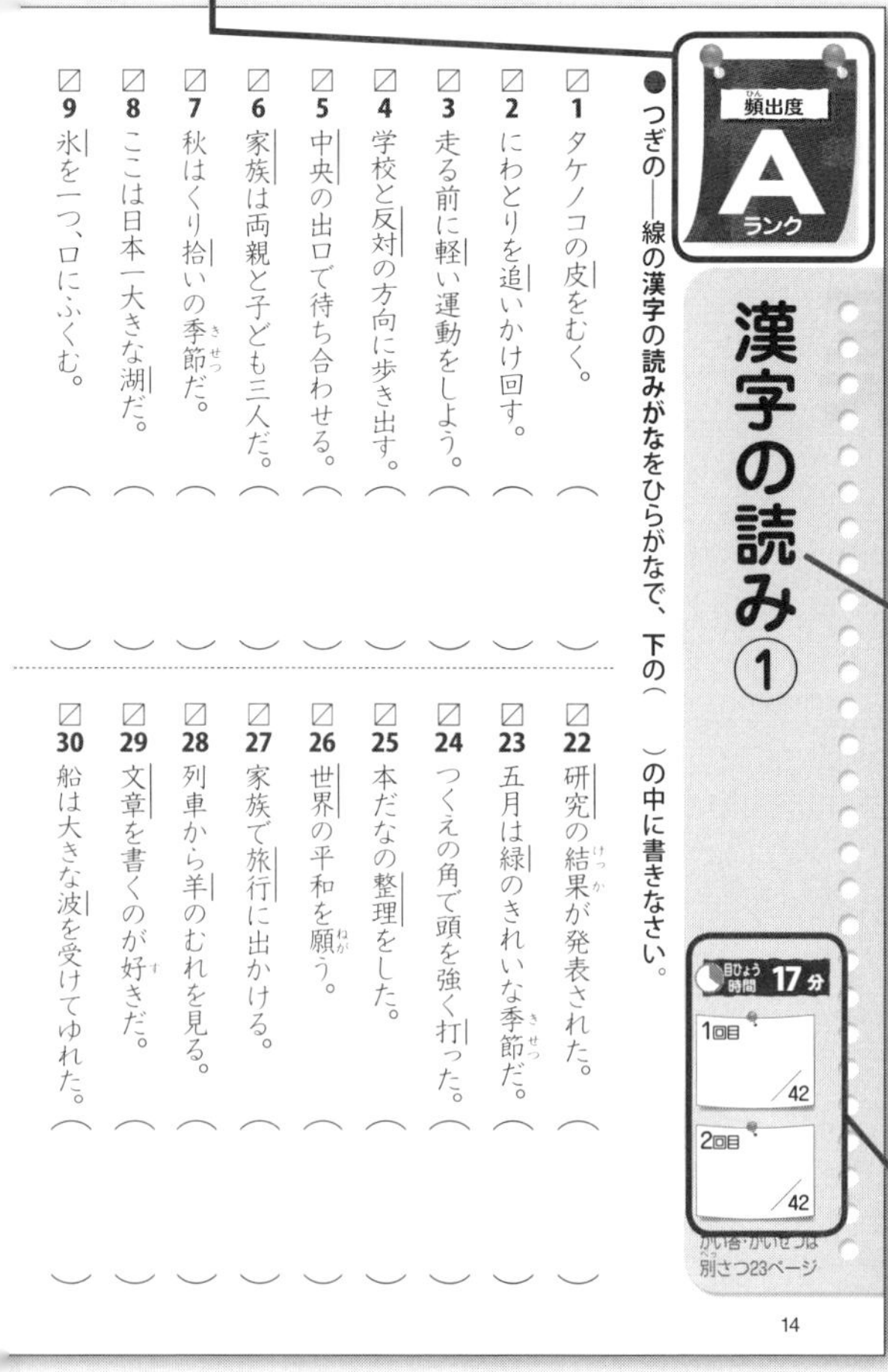
頻《ひん》出度 A ランク

漢字の読み ①

● つぎの――線の漢字の読みがなをひらがなで、下の（　）の中に書きなさい。

1 タケノコの皮をむく。（　）
2 にわとりを追いかけ回す。（　）
3 走る前に軽い運動をしよう。（　）
4 学校と反対の方向に歩き出す。（　）
5 中央の出口で待ち合わせる。（　）
6 家族は両親と子ども三人だ。（　）
7 秋はくり拾いの季節《きせつ》だ。（　）
8 ここは日本一大きな湖だ。（　）
9 氷を一つ、口にふくむ。（　）

22 研究の結果《けっか》が発表された。（　）
23 五月は緑のきれいな季節《きせつ》だ。（　）
24 つくえの角で頭を強く打った。（　）
25 本だなの整理をした。（　）
26 世界の平和を願《ねが》う。（　）
27 家族で旅行に出かける。（　）
28 列車から羊のむれを見る。（　）
29 文章を書くのが好《す》きだ。（　）
30 船は大きな波を受けてゆれた。（　）

目ひょう時間 17分
1回目 /42
2回目 /42

かい答・かいせつは別《べっ》さつ23ページ

14

**出題分野**
漢字検《けん》定8級では8の分野に分かれています。

**目ひょう時間と自己さい点記入らん**
実際の試験時間（40分）からかん算した目ひょう時間です。

## 4 POINT 別《べっ》さつ「漢字検定８級合格《かく》ブック」で配当漢字を完全マスター！

「8級配当漢字表」や、「重要なじゅく字訓《くん》・当て字」など役立つ資《し》料《りょう》をコンパクトにまとめました。持ち運びに便利《べんり》なので、別《べっ》さつだけ持ち歩いて、いつでもどこでも暗記ができます。

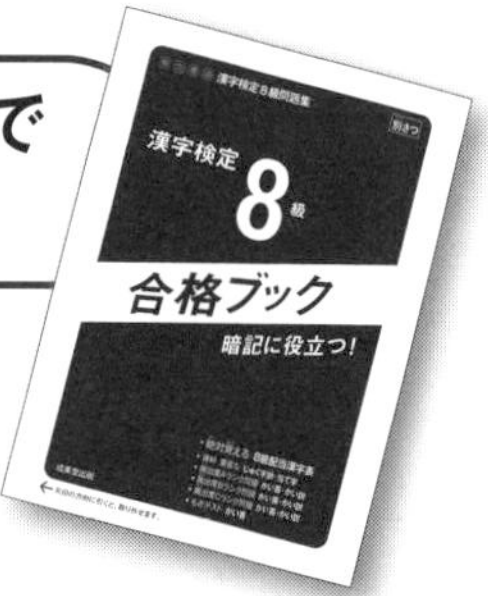

## 2 POINT 「問題」と「かい答らん」がいっしょになった書き込み式！

問題のすぐ下に「かい答らん」があるので、どんどんとくことができます。「かい答・かいせつ」は別《べっ》さつにのせてあります。

### チェックボックス

まちがえた問題をチェックできるので、くり返し勉強できます。

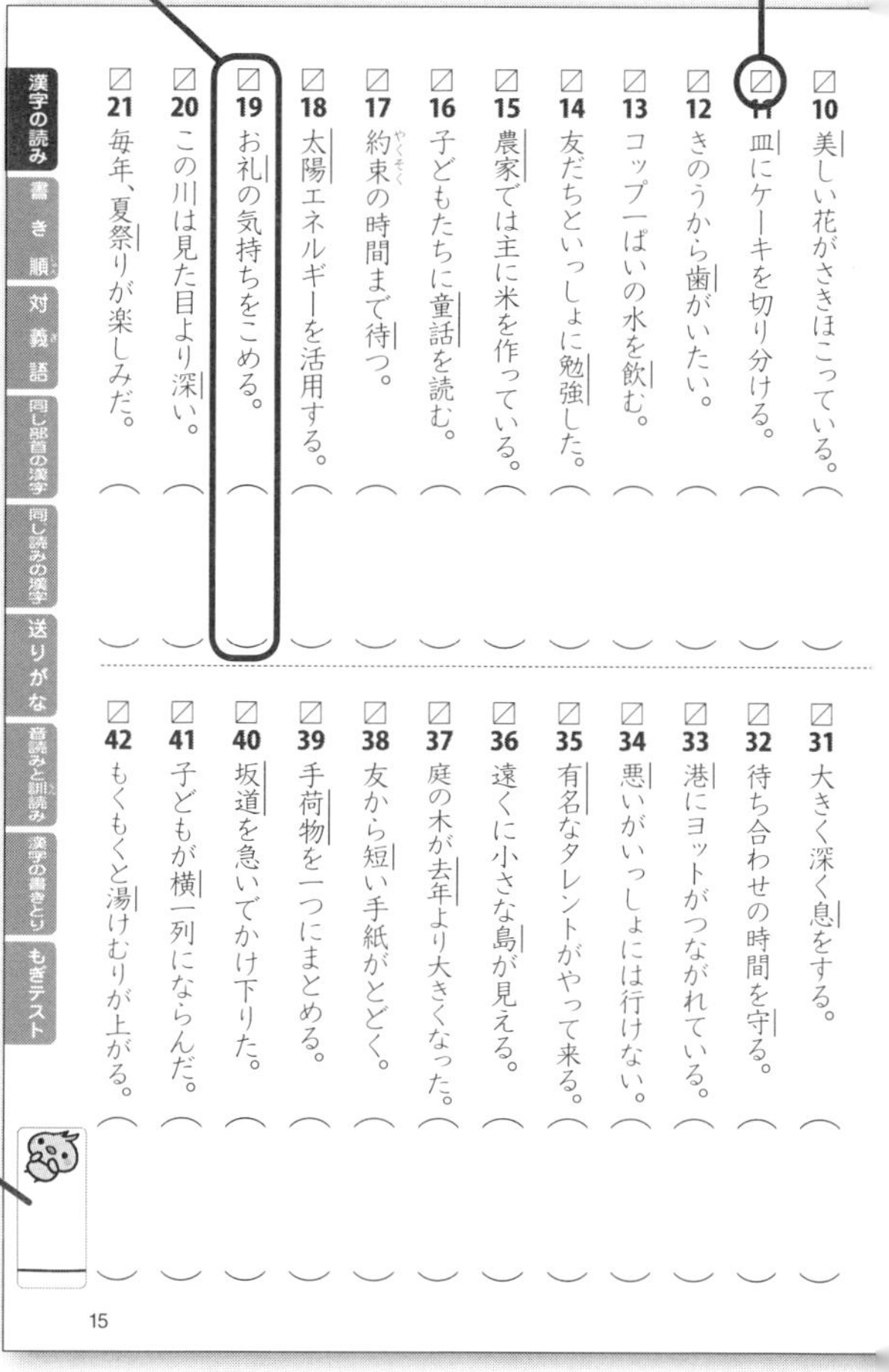


### ひよこのパラパラマンガ

つかれたときにめくってみてください。

## 3 POINT 仕上げに使えるもぎテスト3回分収録！

本試験《しけん》とそっくりの形式のもぎテストを3回分用意してあります。実際《じっさい》の試験《しけん》の40分間でといて、自分で採点《さいてん》してみましょう。

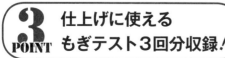

# 本書の特長

## 試験《しけん》にでやすい漢字を分せき

**漢字検定《けん》8級**では、8級配当漢字の200字をふくめ、**小学校一年生から三年生までに習《なら》う漢字が出題はんい**になります。

とはいえ、この字がすべて出題されるわけではありません。

下の表を見てください。この表は、漢字検定の過去《かこ》問題18年分（約220回分）の試験で実さいに出題された問題を分せきした結果《けっか》です。**出題はんいが決まっているので、特定《とく》の漢字が何度も出題されます。**

たとえば、読みの問題では「皮」が54回、書き順《じゅん》の問題では「勉」が37回も出題されています。送りがなの問題では「美しい」が55回も出題されていますが、「仕える」は1回しか出題されていません。

**過去問題18年分で出題の多い問題**

| 出題分野 | 出題例（出題回数） |
|---|---|
| 漢字の読み | 皮（54回）　中央・追う（53回）　軽い・拾う（51回） |
| 書き順《じゅん》 | 勉（37回）　幸（35回）　第（32回）　悪（31回） |
| 対義語《ぎ》 | さんせい―反対（39回）　明るい―暗い（37回） |
| 同じ部首の漢字 | 庫（49回）　庭（48回）　速（46回）　悪（45回） |
| 同じ読みの漢字 | 球（53回）　由・員など（51回）　有・真（49回） |
| 送りがな | 美しい（55回）　等しい（45回）　整える（40回） |
| 音読みと訓《くん》読み | 温（54回）　根・実（50回） |
| 漢字の書きとり | 美しい（53回）　駅（49回）　湖（48回）　世界（46回） |

## 頻《ひん》出度順《じゅん》だから効率《こうりつ》的に学習できる

### 分せき結果からA、B、Cランクに分類《るい》

本書では、この結果をもとにして、出題回数が多い順《じゅん》に**Aランク**（最頻出問題）、**Bランク**（必修問題）、**Cランク**（満《まん》点問題）の3つのランクに分類して問題をけいさいしています。

**A ランク** 最頻出問題。過去に**何度もくり返し出題された問題**で、これからも出題されやすい「**試験によく出る問題**」です。覚えておけば得点《とく》につながり、短期間での合かくも可能です。

**B ランク** **必修問題**。ひかく的よく出る問題で、覚えておけば確実に合かくすることにつながります。

**C ランク** **満点問題**。出題頻度はそれほど高くありませんが、満点をめざすならば覚《おぼ》えておきたい問題です。

8級配当漢字の中で、出題分野によっては出題されたことのない漢字もあります。本書は頻出度順になっているため、そのような漢字を覚えなくてもよいようになっています。

# 漢字検《けん》定8級 受検ガイド

## 試験《しけん》は年3回、だれでも受けられる

漢字検定は、年れい、性別《せいべつ》、国籍《せき》を問わず、だれでも受検できます。

受検方法には、公開会場での個人の受検、準《じゅん》会場での団《だん》体受検があります。コンピューターを使って試験を受けるCBT受検は、8級にはありません。

**試験に関する問合せ先**

公益財団法人
日本漢字能力検定協会
【ホームページ】https://www.kanken.or.jp/
＜本部＞
京都市東山区祇園町南側551番地
TEL：(075)757－8600
FAX：(075)532－1110
＜東京事務局＞
東京都千代田区大手町2-1-1 大手町野村ビル
TEL：(03)5205－0333
FAX：(03)5205－0331

### 漢字検定の概要（個人受検《けん》の場合）

| | |
|---|---|
| 試《し》験《けん》実《じっ》施《し》 | **年3回**<br>①6月中の日曜日 ②10～11月中の日曜日<br>③翌年1～2月中の日曜日 |
| 試《し》験《けん》会《かい》場《じょう》 | 全国と海外のおもな都《と》市 |
| 受《じゅ》検《けん》料《りょう》 | 1500円(8級) |
| 申《もうし》込《こみ》方法 | ①インターネットもしくは携帯《けいたい》電話から専《せん》用フォームで申し込《こ》みを行い、クレジットカードやコンビニエンスストアで決済《さい》を行う<br>②取扱《あつかい》書店（大学生協《きょう》含む）で検《けん》定料《りょう》を支払《しはら》い、願《がん》書や書店払込証書《はらいこみしょう》、領収《りょうしゅう》書などを受けとる。願書と書店払込証書を専《せん》用封筒《ふうとう》で漢検協《きょう》会に郵《ゆう》送する<br>③指定のコンビニエンスストアに設置《せっち》された端末《たんまつ》機で申し込みを行い、レジにて検定料を支払う<br>④取扱書店（大学生協含む）で願書を入手し、願書に検定料を添《そ》えて取扱機関（新聞社など）へ申し込む |
| 申《もうし》込《こみ》期間 | 検《けん》定日の約3か月前から1か月前まで |
| 試《し》験《けん》時間 | **40分**<br>開始時間の異《こと》なる級をえらべば2つ以上の級を受検《けん》することもできる |
| 合かくきじゅん | **150点**満点で正答率《りつ》**80%**ていど（**120**点程度）以上が合かくの目安 |
| 合かくの通知 | 合かく者には合かくしょう書、合かくしょうめい書、検《けん》定結果《けっか》通知が、不合かく者には検《けん》定結果《けっか》通知が送られてくる |

※本書の情報は制作時点のものです。受検をお考えの方は、ご自身で（公財）日本漢字検定能力協会の発表する最新情報をご確認ください。

## 各級のレベルと出題内容

| 級 | レベル（対象漢字数） | 程度 | 主な出題内容 | | | | | | | | | | 合格基準 | 検定時間 |
|---|---|---|---|---|---|---|---|---|---|---|---|---|---|---|
| 3 | 中学卒業程度（1623字） | 常用漢字のうち約1600字を理解し、文章の中で適切に使える。 | 漢字の読み | 漢字の書取 | 部首・部首名 | 送り仮名 | 対義語・類義語 | 同音・同訓異字 | 誤字訂正 | 四字熟語 | 熟語の構成 | | 200点満点中70%程度 | 各60分 |
| 4 | 中学校在学程度（1339字） | 常用漢字のうち約1300字を理解し、文章の中で適切に使える。 | 漢字の読み | 漢字の書取 | 部首・部首名 | 送り仮名 | 対義語・類義語 | 同音・同訓異字 | 誤字訂正 | 四字熟語 | 熟語の構成 | | | |
| 5 | 小学校６年生修了程度（1026字） | 小学校６年生までの学習漢字を理解し、文章の中で漢字が果たしている役割に対する知識を身に付け、漢字を文章の中で適切に使える。 | 漢字の読み | 漢字の書取 | 部首・部首名 | 筆順・画数 | 送り仮名 | 対義語・類義語 | 同音・同訓異字 | 誤字訂正 | 四字の熟語 | 熟語の構成 | | |
| 6 | 小学校５年生修了程度（835字） | 小学校５年生までの学習漢字を理解し、文章の中で漢字が果たしている役割を知り、正しく使える。 | 漢字の読み | 漢字の書取 | 部首・部首名 | 筆順・画数 | 送り仮名 | 対義語・類義語 | 同音・同訓異字 | 三字熟語 | 熟語の構成 | | | |
| 7 | 小学校４年生修了程度（642字） | 小学校４年生までの学習漢字を理解し、文章の中で正しく使える。 | 漢字の読み | 漢字の書取 | 部首・部首名 | 筆順・画数 | 送り仮名 | 対義語 | 同音異字 | 三字熟語 | | | | |
| 8 | 小学校３年生修了程度（440字） | 小学校３年生までの学習漢字を理解し、文章の中で使える。 | 漢字の読み | 漢字の書取 | 部首・部首名 | 筆順・画数 | 送り仮名 | 対義語 | 同じ漢字の読み | | | | 150点満点中80%程度 | 40分 |

※１、準１、２、準２、９、10級は省略

## 漢字検定８級の審査基準

| | | |
|---|---|---|
| 程度 | 小学校３年生までの学習漢字を理解し、文や文章の中で使える。 | |
| 領域・内容 | **［読むことと書くこと］**<br>小学校学年別漢字配当表の３年生までの学習漢字を読み、書くことができる。 | ●音読みと訓読みとを理解していること。<br>●送り仮名に注意して正しく書けること（食べる、楽しい、後ろ　など）。<br>●対義語の大体を理解していること（勝つ―負ける、重い―軽い　など）。<br>●同音異字を理解していること（反対、体育、期待、太陽　など）。 |
| | **［筆　順］**筆順、総画数を正しく理解している。 | |
| | **［部　首］**主な部首を理解している。 | |

※本書は出題が予想される形式で構成しています。実際の試験は、漢字能力検定協会の審査基準の変更の有無にかかわらず、出題形式や問題数が変更されることもあります。

**2020年度からの試験制度変更について**

平成29年改訂の小学校学習指導要領が2020年度から全面実施されたことに伴い、漢字検定でも一部の漢字の配当級が変更になりました。２～７級は変更がありましたが８級には変更がありません。

# 【出題分野別】学習のポイント

## 漢字の読み

配点●1問1点×30問＝30点（総得点《とく》の20％）
ほとんどの問題に8級配当漢字が使われています。音読み・訓読《くん》みの出題は、半々くらいです。

### ❶8級配当漢字をマスターする

読みの問題は、短い文章中の漢字の読み方を答えるもので、全部で30問（30点）あります。問題数が多いので、ここで取りこぼすことがないようにしましょう。

8級では、問題のほとんどに8級配当漢字が使われています。また、音読み・訓《くん》読みの問題は、だいたい半々くらいの割合で出題されます。8級配当漢字の音読み・訓《くん》読みをしっかりと学習しましょう。

これまでの試験《じけん》では、次の問題がいちばん多く出題されています。

- 追う（お）
- 皮（かわ）
- 軽い（かる）
- 湖（みずうみ）
- 拾う（ひろ）
- 中央（ちゅうおう）
- 反対（はんたい） など

### ❷じゅく字訓《くん》・当て字

8級までに学ぶじゅく字訓《くん》・当て字はいくつかありますが（別さつ22ページ）、過去《かこ》18年分の試験で出題されたのは、次の2つだけです。

- 部屋（へや）
- 柱時計（はしらどけい）

## 書き順《じゅん》

配点●1問1点×10問＝10点（総得点《とく》の7％）
ほとんどの問題が8級配当漢字からの出題です。

### ●出やすい書き順《じゅん》がある

これまでの試験には次のような漢字が多く見られますが、それぞれに出題されやすい書き順《じゅん》があります。

- 悪（7番め）（11番め）
- 第（11番め）
- 幸（7番め）（8番め）
- 勉（10番め）

書き順《じゅん》のわかりにくいところは、しっかり覚えておきましょう。

# 対義語《ぎ》

配点●1問2点×5問＝10点（総得点《とく》の7%）
ほとんどの問題が8級配当漢字からの出題です。音読み・訓《くん》読みの両方が出題されます。

## ❶音読み・訓《くん》読み両方の出題がある

出題された語句とはんたいの意味の言葉を答えるもので、8級配当漢字を中心に出題されます。問題数は5問と少なめですが、1問あたりの配点は2点になります。

二字じゅく語のうちの読みのついた1文字を答えるものと、送りがなのある読みのついた漢字の部分を答えるものがありますが、問題の割合は、試験回によってことなります。

これまでの試験《しけん》では

- 明るい ⇔ （暗《くら》）い
- あさい ⇔ （深《ふか》）い
- せめる ⇔ （守《まも》）る
- さんせい ⇔ 反（対《たい》）
- 来年 ⇔ （去《きょ》）年
- 生まれる ⇔ （死《し》）ぬ
- かた方 ⇔ （両《りょう》）方
- ねる ⇔ （起《お》）きる

などがよく出題されています。音読み・訓《くん》読みとも、しっかり学習しましょう。

## ❷わからない言葉はすぐに調べよう

言葉の意味をきちんと知っていないと、はんたいの言葉は答えられません。意味のわからない言葉に出会ったら、すぐに辞書で調べるようにしましょう。

# 同じ部首の漢字

配点●1問2点×10問＝20点（総得点《とく》の13%）
ほとんどが8級配当漢字からの出題です。

## ❶8級配当漢字を暗記しよう

部首そのものではなく、しめされた5種類の部首を使った漢字を、それぞれ2問ずつ答える問題です。

同じ部首の漢字の問題も、ほとんどが8級配当漢字からの出題ですので、しっかり暗記しておきましょう。

これまでの試験《しけん》では

- さんずい（氵）⇩ 油絵・水泳
- こころ（心）⇩ ため息・悪口
- うかんむり（宀）⇩ 安心・客船

などが出題されています。

## ❷部首には意味がある！部首・部首名・漢字はセットに

ただやみくもに部首や漢字を暗記しようとしても、なかなかうまくいかないかもしれません。まずは、部首の意味を知ることが大切です。

たとえば、前のページで例《れい》にあげた部首では、

● **さんずい（氵）**
　…**水や液《えき》体にかかわるもの**

● **こころ（心）**
　…**人の気持ちや性格**

● **うかんむり（宀）**
　…**家の形や家にかかわること**

をあらわします。これを知っているだけでも、ぐんと漢字が覚《おぼ》えやすくなります。

8級では部首名は問われませんが、部首・部首名・漢字はセットにして覚えるようにするとよいでしょう。

# 同じ読みの漢字

配点●1問2点×10問＝20点（総得《とく》点の13％）
ほとんどの問題が8級配当漢字からの出題です。

## ❶8級配当漢字の音読みが出題

2問1組で、5組の問題が出題されます。2問はそれぞれ同じ読みのちがう漢字を答えるもので、ほとんどが8級配当漢字の音読みの問題です。これまでの試験《しけん》では

● 校庭に**シュウ**合する（**集合**）
　九**シュウ**へ行く（**九州**）

などが出題されています。

## ❷問題文をしっかり読む

同じ読みの漢字は、うっかり書きまちがってしまうこともよくあります。きちんと文章全体を読んで、意味の合う漢字を答えましょう。

# 送りがな

配点●1問2点×5問＝10点（総得《とく》点の7％）
ほとんどの問題が8級配当漢字です。とくに送りがなの長いものはよく出題されます。

## ●訓《くん》読みをおさらいする

短い文章中のカタカナ部分を、与えられた漢字と送りがなになおす問題です。ほとんどが8級配当漢字からの出題で、それらの漢字に正しく送りがなをつけなければなりません。

文字数の長いものなどは、どこからが送りがなになるのか覚えにくいものもあるので、訓読みをおさらいしておきましょう。

これまでの試験では

● 美 **ウツクシイ**（美しい）
● 整 **トトノエル**（整える）
● 等 **ヒトシイ**（等しい）

などがよく出題されています。

# 音読みと訓読《くん》み

配点●1問1点×10問＝10点（総得《とく》点の7％）
ほとんどの問題が8級配当漢字からの出題です。

## ❶音読み・訓読みをバランスよく覚えよう

2問1組で、5組の問題が出題されます。2問はそれぞれ同じ漢字の音読みと訓《くん》読みを答えるもので、ほとんどが8級配当漢字からの問題です。これまでの試験《しけん》では

● 短所を直す（たんしょ）
　 かみの毛が短い（みじか）
● 温度を上げる（おんど）
　 スープを温める（あたた）

などがよく出題されています。

音読み・訓読みのある漢字は、バランスよくどちらもしっかり学習しましょう。

# 漢字の書きとり

配点●1問2点×20問＝40点（総得《とく》点の27％）
ほとんどの問題が8級配当漢字からの出題です。

## ❶漢字を正しく書く

書きとりの問題は、全体の点数の4分の1以上（150点中の40点）をしめる、もっとも大きな問題です。せっかく漢字を覚《おぼ》えていても、らんぼうな字を書いて×にならないよう、とてもていねいで見やすく、正しい字を書くように心がけましょう。

もちろん、漢字を正しく覚えていることがいちばん大切です。見るだけではなく、漢字を書いて覚えるようにしましょう。

## ❷音読み・訓読みの勉強を

書きとりの問題も、8級配当漢字がほとんどですが、音読みと訓読みの割合は、試験回によってまちまちです。得意《とくい》・不得意《ふとくい》をつくらず、どちらが出題されてもこまらないように、しっかり学習しましょう。

これまでの試験では

● **ウツク**しい（美しい）
● **エキ**（駅）
● 世**カイ**（界）
● **ミズウミ**（湖）

などがよく出題されています。

## ❸字形の似ている漢字に注意！

8級配当漢字のなかには、にたような形の漢字がいくつかあります。きちんと書き分けられるようにしておきましょう。

● 家族《かぞく》・旅行《りょこう》
● 住《す》む・柱《はしら》・注意《ちゅうい》
● 持《も》つ・待《ま》つ　など

## も・く・じ



# [頻《ひん》出度順《じゅん》]問題集

## Aランク　最頻《ひん》出問題



## Bランク　必修《ひっしゅう》問題





本書は、
●[頻《ひん》出度順]問題集(A、B、Cランク)
●もぎテスト
●[別さつ]漢字検定《けん》8級合格《ごうかく》ブック
で構成されています。

# Cランク 満点《まん》問題



# もぎテスト …… 87



# [別さつ] 漢字検定8級合格ブック



本書は2020年10月現在の情報に基づいています。

# 【頻《ひん》出度順《じゅん》】問題集

頻出度 A ランク

## 最頻《ひん》出問題

過去の試験《しけん》で最も出題されているもの。

頻出度 B ランク

## 必修《ひっしゅう》問題

過去の試験《しけん》でよく出題されているもの。

頻出度 C ランク

## 満《まん》点問題

出題頻《ひん》度はそれほど多くないが
満点をめざすなら学習しておきたいもの。

パラパラマンガです。
息ぬきしたいときにめくってね。
トランポリンではねているよ。

頻《ひん》出度

A

ランク

# 漢字の読み①

目ひょう時間 17分

1回目 ／42

2回目 ／42

かい答・かいせつは別《べっ》さつ23ページ

かい答・かいせつは別《べっ》さつ23ページ

● つぎの――線の漢字の読みがなをひらがなで、下の（　　）の中に書きなさい。

□ **1** タケノコの皮をむく。（　　）

□ **2** にわとりを追いかけ回す。（　　）

□ **3** 走る前に軽い運動をしよう。（　　）

□ **4** 学校と反対の方向に歩き出す。（　　）

□ **5** 中央の出口で待ち合わせる。（　　）

□ **6** 家族は両親と子ども三人だ。（　　）

□ **7** 秋はくり拾いの季節《きせつ》だ。（　　）

□ **8** ここは日本一大きな湖だ。（　　）

□ **9** 氷を一つ、口にふくむ。（　　）

---

□ **22** 研究の結果《けっか》が発表された。（　　）

□ **23** 五月は緑のきれいな季節《きせつ》だ。（　　）

□ **24** つくえの角で頭を強く打った。（　　）

□ **25** 本だなの整理をした。（　　）

□ **26** 世界の平和を願《ねが》う。（　　）

□ **27** 家族で旅行に出かける。（　　）

□ **28** 列車から羊のむれを見る。（　　）

□ **29** 文章を書くのが好《す》きだ。（　　）

□ **30** 船は大きな波を受けてゆれた。（　　）

☐ 10 美しい花がさきほこっている。（　　）

☐ 11 皿にケーキを切り分ける。（　　）

☐ 12 きのうから歯がいたい。（　　）

☐ 13 コップ一ぱいの水を飲む。（　　）

☐ 14 友だちといっしょに勉強した。（　　）

☐ 15 農家では主に米を作っている。（　　）

☐ 16 子どもたちに童話を読む。（　　）

☐ 17 約束《やくそく》の時間まで待つ。（　　）

☐ 18 太陽エネルギーを活用する。（　　）

☐ 19 お礼の気持ちをこめる。（　　）

☐ 20 この川は見た目より深い。（　　）

☐ 21 毎年、夏祭りが楽しみだ。（　　）

---

☐ 31 大きく深く息をする。（　　）

☐ 32 待ち合わせの時間を守る。（　　）

☐ 33 港にヨットがつながれている。（　　）

☐ 34 悪いがいっしょには行けない。（　　）

☐ 35 有名なタレントがやって来る。（　　）

☐ 36 遠くに小さな島が見える。（　　）

☐ 37 庭の木が去年より大きくなった。（　　）

☐ 38 友から短い手紙がとどく。（　　）

☐ 39 手荷物を一つにまとめる。（　　）

☐ 40 坂道を急いでかけ下りた。（　　）

☐ 41 子どもが横一列にならんだ。（　　）

☐ 42 もくもくと湯けむりが上がる。（　　）

頻出度《ひん》
A
ランク

# 漢字の読み②

目ひょう時間 17分

1回目 /42

2回目 /42

かい答・かいせつは別《べっ》さつ23-24ページ

● つぎの――線の漢字の読みがなをひらがなで、下の（　）の中に書きなさい。

☐ 1 暑い日差《ざ》しがてりつける。（　）

☐ 2 家族みんなでお茶の葉をつむ。（　）

☐ 3 父の大工道具を使う。（　）

☐ 4 ゾウの鼻はとても長い。（　）

☐ 5 野球のボールを投げる。（　）

☐ 6 学校のプールで泳ぐ。（　）

☐ 7 先生になやみを相談する。（　）

☐ 8 申しこみ用紙に名前を書く。（　）

☐ 9 川の流れがふだんより速い。（　）

☐ 22 海の見える高台に住む。（　）

☐ 23 テストを受ける用意ができた。（　）

☐ 24 黒板に注意点を書く。（　）

☐ 25 銀行でお金を下ろす。（　）

☐ 26 毎朝五時に起きる。（　）

☐ 27 来週の予定がまだ決まらない。（　）

☐ 28 行列のできるラーメン店がある。（　）

☐ 29 九州には活火山が多い。（　）

☐ 30 駅のホームで電車が来るのを待つ。（　）

10 そろそろ宿題をかたづけよう。（　　）
11 友だちの様子が気になる。（　　）
12 大雨で木の橋が流された。（　　）
13 つくえの上のペンを取ってください。（　　）
14 寒くて指先がかじかむ。（　　）
15 高速道路が完成《かんせい》した。（　　）
16 地区のパトロールをする。（　　）
17 だんボールの箱を重ねる。（　　）
18 次に会えるのはいつだろう。（　　）
19 右と左の両方を見る。（　　）
20 大きな病院でみてもらった。（　　）
21 助け合いの心が大切だ。（　　）

---

31 日が落ちるのをながめる。（　　）
32 早起きができるか心配だ。（　　）
33 出かけるときはバスに乗る。（　　）
34 詩を読むのが好《す》きだ。（　　）
35 紙と竹を使ってうちわを作る。（　　）
36 分からないことを係の人に聞く。（　　）
37 セール期間にまとめ買いをする。（　　）
38 外はとても寒い。（　　）
39 きょうりゅうの化石が見つかった。（　　）
40 暗い夜道を一人で歩く。（　　）
41 鉄ぼうにぶら下がって遊ぶ。（　　）
42 都会は人も車も多い。（　　）

頻出度《ひんしゅつど》 A ランク

# 漢字の読み③

目ひょう時間 17分

1回目 /42

2回目 /42

かい答・かいせつは別《べっ》さつ24ページ

● つぎの——線の漢字の読みがなをひらがなで、下の（　）の中に書きなさい。

☐ 1 電柱によりかかる。（　）
☐ 2 母から昔話を聞く。（　）
☐ 3 一年で身長が八センチのびた。（　）
☐ 4 海岸にそってジョギングをする。（　）
☐ 5 来年の手帳を買った。（　）
☐ 6 岸には多くのごみがあった。（　）
☐ 7 オセロゲームなら弟に勝てる。（　）
☐ 8 デパートの屋上で昼食をとる。（　）
☐ 9 トラックで荷物を運ぶ。（　）

☐ 22 車庫には二台の車がある。（　）
☐ 23 その作業はめんどうだった。（　）
☐ 24 プランターで野菜《さい》を育てる。（　）
☐ 25 負けない気持ちが大切だ。（　）
☐ 26 ぼくの部屋は二階にある。（　）
☐ 27 母に洋服を買ってもらう。（　）
☐ 28 テスト用紙を配る。（　）
☐ 29 父は湯気が立つほどおこった。（　）
☐ 30 口笛をふきながら歩いた。（　）

☐ 10 家族でお宮参《まい》りに行く。（　　）

☐ 11 明日の天気を予想する。（　　）

☐ 12 相手の立場で考えてみよう。（　　）

☐ 13 石油ストーブをつける。（　　）

☐ 14 両親の古い写真が出てきた。（　　）

☐ 15 読みたい本を注文する。（　　）

☐ 16 そんなに急ぐことはない。（　　）

☐ 17 兄は医者になろうとしている。（　　）

☐ 18 命のとうとさについて学ぶ。（　　）

☐ 19 駅前の商店で買い物をする。（　　）

☐ 20 広い庭のある家に住みたい。（　　）

☐ 21 地面すれすれをツバメがとぶ。（　　）

---

☐ 31 絵の具を一式用意する。（　　）

☐ 32 休みの日に部屋のそうじをする。（　　）

☐ 33 チームは一点差《さ》で負けた。（　　）

☐ 34 読んだ本の感想をのべる。（　　）

☐ 35 転んでひざから血が出た。（　　）

☐ 36 客を空港にむかえに行く。（　　）

☐ 37 東に向かって歩き出す。（　　）

☐ 38 電車の中で文庫本を読む。（　　）

☐ 39 記念《ねん》じゅを植える。（　　）

☐ 40 道はばが二倍に広がった。（　　）

☐ 41 筆箱に消しゴムをしまう。（　　）

☐ 42 うす味の料《りょう》理が好《す》きだ。（　　）

頻《ひん》出度

A
ランク

# 書き順《じゅん》①

目ひょう時間 23分

1回目 /56

2回目 /56

かい答・かいせつは別《べっ》さつ25ページ

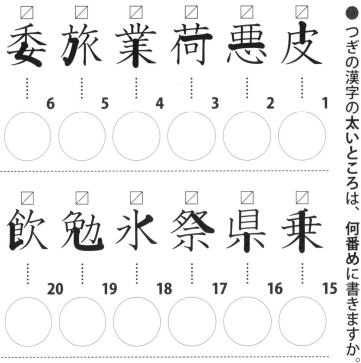

● つぎの漢字の**太い**ところは、何番めに書きますか。○の中に**数字**を書きなさい。

1 皮 …… ○

2 悪 …… ○

3 荷 …… ○

4 業 …… ○

5 旅 …… ○

6 委 …… ○

15 乗 …… ○

16 県 …… ○

17 祭 …… ○

18 氷 …… ○

19 勉 …… ○

20 飲 …… ○

29 第 …… ○

30 勉 …… ○

31 鼻 …… ○

32 死 …… ○

33 身 …… ○

34 院 …… ○

43 幸 …… ○

44 写 …… ○

45 薬 …… ○

46 駅 …… ○

47 酒 …… ○

48 宿 …… ○

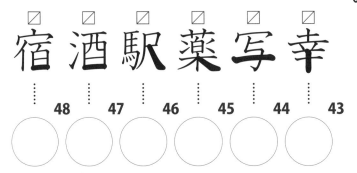

7 局
8 寒
9 昭
10 他
11 君
12 帳
13 緑
14 安

21 柱
22 都
23 波
24 起
25 服
26 屋
27 様
28 整

35 港
36 歯
37 湯
38 福
39 根
40 追
41 農
42 炭

49 童
50 勝
51 岸
52 銀
53 県
54 進
55 配
56 秒

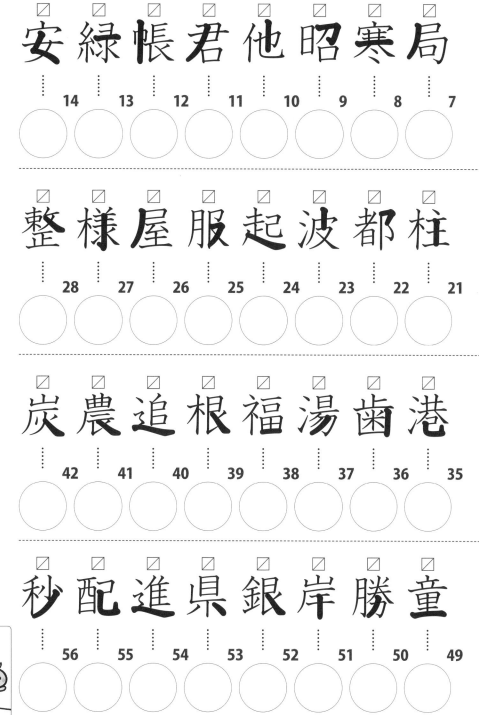

頻《ひん》出度

A ランク

# 書き順《じゅん》②

目ひょう時間 23分

1回目 ／56

2回目 ／56

かい答・かいせつは別《べっ》さつ25ページ

●つぎの漢字の太いところは、何番めに書きますか。○の中に数字を書きなさい。

1 商 ……（　）

2 消 ……（　）

3 球 ……（　）

4 式 ……（　）

5 部 ……（　）

6 幸 ……（　）

15 死 ……（　）

16 炭 ……（　）

17 両 ……（　）

18 君 ……（　）

19 根 ……（　）

20 銀 ……（　）

29 旅 ……（　）

30 緑 ……（　）

31 業 ……（　）

32 筆 ……（　）

33 路 ……（　）

34 祭 ……（　）

43 命 ……（　）

44 悪 ……（　）

45 期 ……（　）

46 庫 ……（　）

47 両 ……（　）

48 他 ……（　）

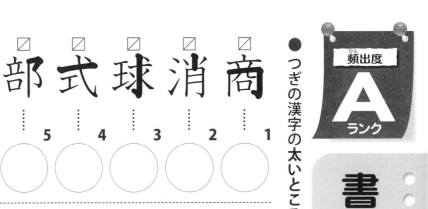

進 客 起 化 岸 央 第 住

| ☐ | ☐ | ☐ | ☐ | ☐ | ☐ | ☐ | ☐ |
| 14 | 13 | 12 | 11 | 10 | 9 | 8 | 7 |
| ◯ | ◯ | ◯ | ◯ | ◯ | ◯ | ◯ | ◯ |

勉 族 列 局 秒 速 負 県

| ☐ | ☐ | ☐ | ☐ | ☐ | ☐ | ☐ | ☐ |
| 28 | 27 | 26 | 25 | 24 | 23 | 22 | 21 |
| ◯ | ◯ | ◯ | ◯ | ◯ | ◯ | ◯ | ◯ |

帳 整 係 医 島 終 様 詩

| ☐ | ☐ | ☐ | ☐ | ☐ | ☐ | ☐ | ☐ |
| 42 | 41 | 40 | 39 | 38 | 37 | 36 | 35 |
| ◯ | ◯ | ◯ | ◯ | ◯ | ◯ | ◯ | ◯ |

事 横 世 練 鉄 乗 返 発

| ☐ | ☐ | ☐ | ☐ | ☐ | ☐ | ☐ | ☐ |
| 56 | 55 | 54 | 53 | 52 | 51 | 50 | 49 |
| ◯ | ◯ | ◯ | ◯ | ◯ | ◯ | ◯ | ◯ |

頻《ひん》出度 A ランク

# 対義《ぎ》語①

●（　）の中に漢字を書いて、上とはんたいのいみのことばにしなさい。

- ☐ 明るい―1（　）《くら》い
- ☐ あさい―2（　）《ふか》い
- ☐ さんせい―3 反（　）《たい》
- ☐ せめる―4（　）《まも》る
- ☐ 部分―5（　）《ぜん》体

---

- ☐ 長い―12（　）《みじか》い
- ☐ たて―13（　）《よこ》
- ☐ のばす―14（　）《ま》げる
- ☐ 重い―15（　）《かる》い
- ☐ 落とす―16（　）《ひろ》う

---

- ☐ とじる―23（　）《ひら》く
- ☐ 楽しい―24（　）《くる》しい
- ☐ もやす―25（　）《け》す
- ☐ 終わる―26（　）《はじ》まる
- ☐ 下校―27（　）《とう》校

目ひょう時間 14分

1回目 ／33

2回目 ／33

かい答・かいせつは別《べっ》さつ26ページ

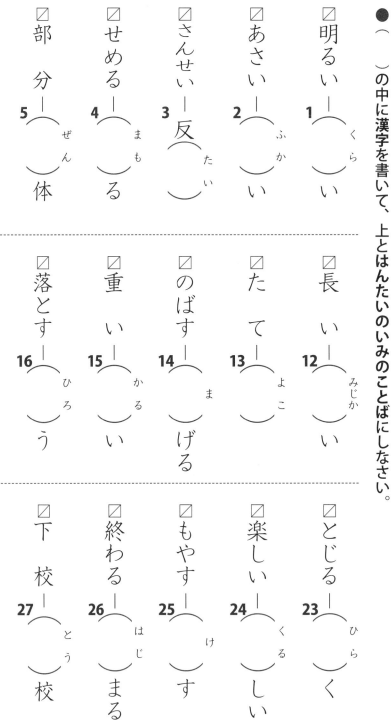

□ 6 生まれる ―（　）《し》ぬ

□ 7 うれしい ―（　）《かな》しい

□ 8 ねる ―（　）《お》きる

□ 9 にげる ―（　）《お》う

□ 10 かた方 ―（　）《りょう》方

□ 11 よい ―（　）《わる》い

---

□ 17 今 ―（　）《むかし》

□ 18 自分 ―（　）《た》人

□ 19 寒い ―（　）《あつ》い

□ 20 勝つ ―（　）《ま》ける

□ 21 あまい ―（　）《にが》い

□ 22 自分 ―（　）《あい》手

---

□ 28 止まる ―（　）《すす》む

□ 29 さんせい ―（　）《はん》対

□ 30 軽い ―（　）《おも》い

□ 31 来年 ―（　）《きょ》年

□ 32 安心 ― 心（　）《ぱい》

□ 33 高い ―（　）《やす》い

頻《ひん》出度

A

ランク

# 同じ部首の漢字①

目ひょう時間 18分

1回目 ／44

2回目 ／44

かい答・かいせつは別《べっ》さつ26ページ

● おなじなかまの漢字を□の中に書きなさい。

☐ まだれ（广）……金 1 □《こ》・うら 2 □《にわ》

☐ しんにょう／しんにゅう（辶）……3 □《そく》度・行 4 □《しん》

☐ こころ（心）……5 □《わる》口・ため 6 □《いき》

☐ ちから（力）……7 □《たす》ける・8 □《べん》強

☐ こころ（心）……9 □《きゅう》用・10 □《い》見

---

☐ うかんむり（宀）……お 23 □《まも》り・木の 24 □《み》

☐ きへん（木）……電 25 □《ちゅう》・大 26 □《こん》

☐ しかばね／かばね（尸）……27 □《や》根・薬 28 □《きょく》

☐ こころ（心）……29 □《かん》想・30 □《かな》しい

☐ くさかんむり（艹）……目 31 □《ぐすり》・32 □《に》物

☐ はつがしら（癶）……11 山□《のぼ》り・12 出□《ぱつ》

☐ しんにょう しんにゅう（辶）……13 □《ゆう》園地・14 □《うん》転

☐ うかんむり（宀）……15 □《あん》心・16 □《きゃく》船

☐ たけかんむり（⺮）……17 口□《ぶえ》・18 筆□《ばこ》

☐ しんにょう しんにゅう（辶）……19 □《へん》事・20 □《お》う

☐ さんずい（氵）……21 □《あぶら》絵・22 水□《えい》

---

☐ こざとへん（阝）……33 入□《いん》・34 太□《よう》

☐ さんずい（氵）……35 □《おん》度・36 □《なが》れ星

☐ うかんむり（宀）……37 □《しゅく》題・38 お□《みや》

☐ にんべん（亻）……39 図書□《がかり》・40 □《だい》表

☐ くさかんむり（艹）……41 言□《ば》・42 □《にが》い

☐ おおがい（頁）……43 宿□《だい》・44 横□《がお》

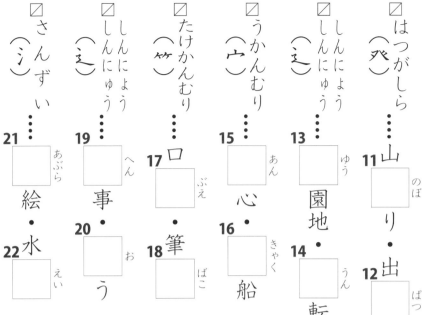

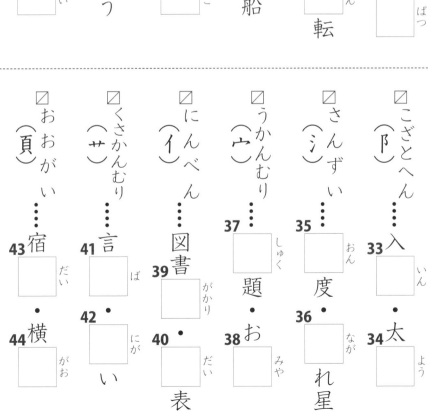

頻《ひん》出度

A

ランク

# 同じ読みの漢字①

目ひょう時間 15分

1回目 /36

2回目 /36

かい答・かいせつは別《べっ》さつ26-27ページ

● つぎの（　）の中に漢字を書きなさい。

☐ **1** 自（ゆう）な生き方をしてみたい。

☐ **2** あの人は（ゆう）名なまんが家だ。

☐ **3** 休日に家族で（ゆう）園地へ行く。

☐ **4** 太（よう）エネルギーを活用する。

☐ **5** （よう）服をきれいにたたむ。

☐ **6** まわりの（よう）子に注意する。

☐ **7** 図書委（いん）会のメンバーをえらぶ。

☐ **8** 熱《ねっ》が出て病（いん）に行った。

---

☐ **19** 理科室は二（かい）にある。

☐ **20** 陸《りく》上の世（かい）大会がある。

☐ **21** （かい）店いわいに花をおくる。

☐ **22** 子どもからの（そう）談を受ける。

☐ **23** クラスで本の感（そう）を話し合う。

☐ **24** 昼休みに校内放（そう）を聞く。

☐ **25** 兄はゆうびん（きょく）につとめている。

☐ **26** ピアノの名（きょく）が流れている。

☐ **9** （　）《しゅう》字の道具を用意する。

☐ **10** 九（　）《しゅう》をめぐる旅をする。

☐ **11** 明日の（　）《しゅう》合時こくを決める。

☐ **12** バスが（　）《しゅう》点に着く。

☐ **13** 野（　）《きゅう》教室に通う。

☐ **14** 星の研（　）《きゅう》をしたい。

☐ **15** （　）《きゅう》用ができたので早たいした。

☐ **16** みんなで記念《ねん》写（　）《しん》をとる。

☐ **17** （　）《しん》長がわずかにのびる。

☐ **18** 入場行（　）《しん》の練習をする。

---

☐ **27** 文（　）《しょう》の組み立てを考える。

☐ **28** 三人が（　）《しょう》火活動に当たった。

☐ **29** （　）《しょう》売はんじょうを願《ねが》う。

☐ **30** この（　）《しょう》負は兄の負けだ。

☐ **31** 後期の学級（　）《い》員に選《えら》ばれた。

☐ **32** 父は（　）《い》者をしている。

☐ **33** 注（　）《い》書きをよく読む。

☐ **34** 手（　）《ちょう》に予定を書きこむ。

☐ **35** 春先から（　）《ちょう》子がいい。

☐ **36** 豆ふを一（　）《ちょう》買う。

頻《ひん》出度
A
ランク

# 送りがな①

目ひょう時間 8分

1回目 ／20

2回目 ／20

かい答・かいせつは別《べっ》さつ27ページ

● つぎの――線のカタカナを○の中の漢字とおくりがな（ひらがな）で［　］の中に書きなさい。

〈れい〉(小) **チイサイ**鳥を見た。［小さい］

1 (美) **ウツクシイ**青空が広がっている。［　　］

2 (等) ゲームの中身は勝ちに**ヒトシイ**。［　　］

3 (苦) 笑《わら》いすぎて息が**クルシイ**。［　　］

4 (整) 引き出しをきれいに**トトノエル**。［　　］

11 (重) 読み終えた本を**カサネル**。［　　］

12 (植) ゴーヤのなえを**ウエル**。［　　］

13 (味) 秋の味覚《かく》を**アジワウ**。［　　］

14 (起) 母は毎朝六時に**オキル**。［　　］

□ 5 (悲) **カナシイ**物語になみだが出た。

□ 6 (流) ちょろちょろと水が**ナガレル**。

□ 7 (受) 高校の入学試験《しけん》を**ウケル**。

□ 8 (育) いろいろな花を**ソダテル**。

□ 9 (温) **アタタカイ**お茶を飲む。

□ 10 (平) **ヒラタイ**皿に料理《りょう》をならべる。

---

□ 15 (始) もうすぐ二学期が**ハジマル**。

□ 16 (助) おぼれていたネコを**タスケル**。

□ 17 (注) コップにジュースを**ソソグ**。

□ 18 (定) 目標《ひょう》を一点に**サダメル**。

□ 19 (投) 遠くにボールを**ナゲル**。

□ 20 (転) 坂道をボールが**コロガル**。

漢字の読み
書き順《じゅん》
対義《ぎ》語
同じ部首の漢字
同じ読みの漢字
送りがな
音読みと訓読《くん》み
漢字の書きとり
もぎテスト

頻出度《ひんしゅつど》

A ランク

# 音読みと訓《くん》読み①

目ひょう時間 15分

1回目 /36

2回目 /36

かい答・かいせつは別《べっ》さつ27-28ページ

● つぎの――線の漢字の読みがなを下の(　)の中に書きなさい。

☐ 1 自分の短所が分かった。(　)
☐ 2 友人から短い手紙をもらった。(　)
☐ 3 気温がぐんぐん上がる。(　)
☐ 4 ミルクを温めてから飲む。(　)
☐ 5 根気よく作業を行う。(　)
☐ 6 草の根がびっしり生えている。(　)
☐ 7 計画を実行する時が来た。(　)
☐ 8 庭のカキの実が色づいてきた。(　)

☐ 19 ビルの屋上に上がる。(　)
☐ 20 屋根から雨もりがする。(　)
☐ 21 一人で旅行するのが好《す》きだ。(　)
☐ 22 旅のおみやげをもらう。(　)
☐ 23 安全をたしかめて乗車する。(　)
☐ 24 ボートに乗るのは初《はじ》めてだ。(　)
☐ 25 明るい声で返事をする。(　)
☐ 26 借《か》りていたゲームを返す。(　)

9 石油のねだんが上がる。（　　）

10 野菜《さい》を油でいためる。（　　）

11 歩道橋をわたって駅に行く。（　　）

12 橋の上からつりをする。（　　）

13 電柱の近くに犬がいる。（　　）

14 家の真ん中に太い柱がある。（　　）

15 早起きができるか心配だ。（　　）

16 駅前で開店のチラシを配る。（　　）

17 水泳は好《す》きなスポーツだ。（　　）

18 まだ百メートルは泳げない。（　　）

27 空港でジェット機《き》をながめる。（　　）

28 小さな島の港に入る。（　　）

29 体育のじゅ業が待ち遠しい。（　　）

30 子ネコを育てている。（　　）

31 いい作品ができた。（　　）

32 お礼の品物を選《えら》ぶ。（　　）

33 去年の夏はハワイに行った。（　　）

34 客は何も買わずに立ち去った。（　　）

35 せまい道で車の速度を落とす。（　　）

36 新かん線はとても速い。（　　）

漢字の読み
書き順《じゅん》
対義《ぎ》語
同じ部首の漢字
同じ読みの漢字
送りがな
音読みと訓《くん》読み
漢字の書きとり
もぎテスト

頻《ひん》出度
A
ランク

# 音読みと訓《くん》読み②

目ひょう時間 15分

1回目　／36

2回目　／36

かい答・かいせつは別《べっ》さつ28ページ

● つぎの——線の漢字の読みがなを下の（　）の中に書きなさい。

☐ 1 自転車の二人乗りはきけんだ。（　）
☐ 2 石につまずいて転ぶ。（　）
☐ 3 黒板をきれいにそうじする。（　）
☐ 4 母は木のまな板を使っている。（　）
☐ 5 げきのせりふを暗記した。（　）
☐ 6 暗い道を急いで歩いた。（　）
☐ 7 大波が海岸に打ちよせる。（　）
☐ 8 小川の岸でタンポポを見つけた。（　）

☐ 19 安心してぐっすりねむる。（　）
☐ 20 スーパーで安売りをしていた。（　）
☐ 21 百メートル走で一着になった。（　）
☐ 22 ゆかたを着て花火を見る。（　）
☐ 23 ドラマの放送が待ち遠しい。（　）
☐ 24 まよい鳥を外へ放す。（　）
☐ 25 つくえの中を整理した。（　）
☐ 26 本だなの本を整える。（　）

☐ 9 自分で初《はじ》めて作曲した。（　）
☐ 10 強風で木のえだが曲がった。（　）
☐ 11 鏡《かがみ》は左右反対にうつる。（　）
☐ 12 体を反らしてボールをよける。（　）
☐ 13 本は表紙を見てから買う。（　）
☐ 14 紙の表とうらに記入する。（　）
☐ 15 上流には有名なダムがある。（　）
☐ 16 今夜は流れ星が多いそうだ。（　）
☐ 17 強い味方が加《くわ》わった。（　）
☐ 18 しおで味をつける。（　）

☐ 27 船の進む方向を決める。（　）
☐ 28 はずかしさに下を向く。（　）
☐ 29 根っからの悪人はいない。（　）
☐ 30 悪い流れをたち切ろう。（　）
☐ 31 父は車の運転がうまい。（　）
☐ 32 料理《りょう》をていねいに運ぶ。（　）
☐ 33 レジで代金をはらう。（　）
☐ 34 母に代わって出席《せき》した。（　）
☐ 35 決勝トーナメントに進む。（　）
☐ 36 雨だが行こうと決めた。（　）

頻出度《ひん》 A ランク

# 漢字の書きとり①

目ひょう時間 12分

1回目 /28

2回目 /28

かい答・かいせつは別《べっ》さつ28-29ページ

● つぎの□の中に漢字を書きなさい。

☐1 海外に行って 1 □《せ》 2 □《かい》の広さを実感する。

☐2 3 □《えき》の改札《かいさつ》口を出たところで友人を 4 □《ま》つ。

☐3 船が荷物を降ろし終え、ゆっくりと次の 5 □《みなと》 に 6 □《む》かう。

---

☐8 テストの結果《けっか》をもとに家族と先生に 15 □《そう》 16 □《だん》する。

☐9 買ってもらった自 17 □《てん》車に初《はじ》めて 18 □《の》る。

☐10 地元を歩き回ってれきしを 19 □《けん》 20 □《きゅう》している。

4 山でとった 7 □《しゃ》 8 □《しん》 をリビングにかざった。

5 スタンドは体 9 □《いく》 大会の 10 □《きゃく》 でいっぱいだ。

6 11 □《りょ》 行のときはいつもより早く 12 □《お》 きる。

7 太 13 □《よう》 と 14 □《はたけ》 の土がおいしい野菜《さい》を育てる。

---

11 21 □《うつく》 しい花と、緑の 22 □《は》 が目に飛《と》びこんできた。

12 友人が 23 □《はん》 24 □《たい》 意見を短めに話した。

13 夏休みは近くの 25 □《みずうみ》 で友人と 26 □《およ》 ぐつもりだ。

14 27 □《しま》 の中 28 □《おう》 にある小高い山に登る。

頻《ひん》出度

A

ランク

# 漢字の書きとり②

目ひょう時間 12分

1回目 ／28

2回目 ／28

かい答・かいせつは別《べっ》さつ29-30ページ

●つぎの□の中に漢字を書きなさい。

☐ 1 話題の本の読書 1 □《かん》 2 □《そう》 文を書く。

☐ 2 正月は 3 □《むかし》 からある大きな 4 □《じん》 社に行く。

☐ 3 毎日少しの時間でも 5 □《べん》 6 □《きょう》 することが大切だ。

---

☐ 8 15 □《しゅく》 16 □《だい》 が終わったので買い物に行く。

☐ 9 えき体が 17 □《はこ》 からもれて 18 □《なが》 れる前に回しゅうしたい。

☐ 10 ビワの木が 19 □《みじか》 い間に大きな 20 □《み》 をつけた。

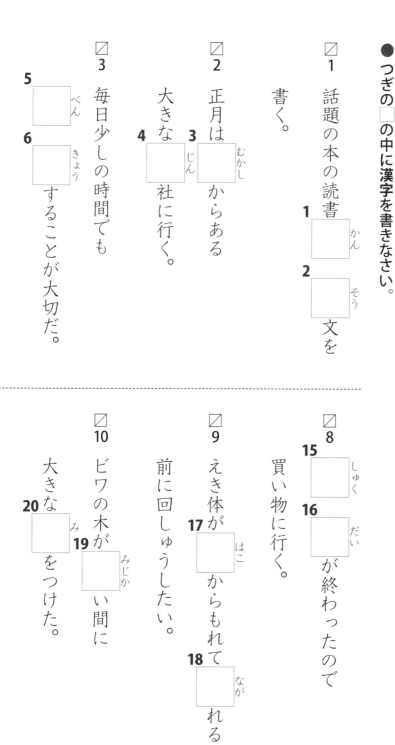

☐4 家の前の道7□《ろ》はあかりがなくて8□《くら》い。

☐5 実家の母から大きな9□《に》10□《もつ》がとどく。

☐6 海11□《がん》に大きな12□《なみ》が打ちよせる。

☐7 13□《いき》が白く見えるほど14□《さむ》い夜だ。

---

☐11 21□《あん》22□《ぜん》をたしかめておうだん歩道をわたる。

☐12 そばを23□《う》つ道24□《ぐ》を買いそろえる。

☐13 使っている25□《さら》は26□《きょ》年いただいたものだ。

☐14 作り方を27□《しら》べるために図書28□《かん》へ行く。

頻《ひん》出度
A
ランク

# 漢字の書きとり③

目ひょう時間 12分

1回目 /28

2回目 /28

かい答・かいせつは別《べっ》さつ30-31ページ

● つぎの□の中に漢字を書きなさい。

☑ 1 テストで予想外の 1 □《もん》 2 □《だい》が出た。

☑ 2 3 □《せい》 4 □《り》された部屋は気持ちがいい。

☑ 3 対戦《せん》相手の動きには 5 □《ちゅう》 6 □《い》したい。

☑ 8 今週の当番の名前を 15 □《こく》 16 □《ばん》に書く。

☑ 9 校 17 □《てい》でドッジボールをして夕方まで 18 □《あそ》ぶ。

☑ 10 町内会の活動に家族 19 □《ぜん》 20 □《いん》で参加《さんか》する。

漢字の読み / 書き順《じゅん》 / 対義語 / 同じ部首の漢字 / 同じ読みの漢字 / 送りがな / 音読みと訓読み《くん》 / **漢字の書きとり** / もぎテスト

□ **4** 商品を落とさないよう **7** □《りょう》手で **8** □《も》つ。

□ **5** 調べていたテーマについて、クラスで **9** □《はっ》 **10** □《ぴょう》する。

□ **6** 友人は二年間、図書 **11** □《い》 **12** □《いん》をつとめている。

□ **7** **13** □《にわ》にマーガレットのなえを **14** □《う》える。

---

□ **11** 暑い夏の日、麦茶に **21** □《こおり》を入れて **22** □《の》む。

□ **12** 人気タレントが主役のドラマが **23** □《ほう》 **24** □《そう》された。

□ **13** **25** □《どう》 **26** □《わ》作家を目指して勉強している。

□ **14** 文具店で手 **27** □《ちょう》フェアが **28** □《はじ》まる。

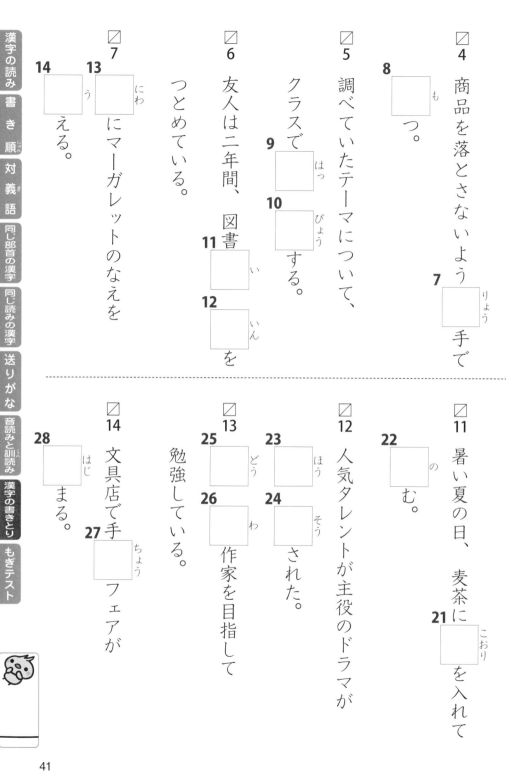

頻《ひん》出度

A

ランク

# 漢字の書きとり④

目ひょう時間 12分

1回目 ／28

2回目 ／28

かい答・かいせつは別《べっ》さつ31ページ

●つぎの□の中に漢字を書きなさい。

☐ 1 お 1 □《まつ》りは日が 2 □《お》ちるころから人が集まる。

☐ 2 3 □《か》石のてんじ会は三月に開かれる 4 □《よ》定だ。

☐ 3 ミスをしないようにくり返し 5 □《れん》 6 □《しゅう》する。

---

☐ 8 家 15 □《ぞく》でくり 16 □《ひろ》いに出かけた。

☐ 9 17 □《みどり》の山々と湖をかいた 18 □《ゆう》名な絵画だ。

☐ 10 絵の 19 □《ぐ》の青を使って 20 □《す》む町の空をえがく。

☐ 4 この高台はわたしのお気に入りの **7** □《ば》 **8** □《しょ》だ。

☐ 5 **9** □《きゅう》に具合が悪くなったので **10** □《くすり》を飲んだ。

☐ 6 雨の日の体 **11** □《いく》 **12** □《かん》は人でいっぱいになる。

☐ 7 たのまれた仕事が **13** □《ぜん》 **14** □《ぶ》終わった。

---

☐ 11 はん人を **21** □《お》って、 **22** □《しゅ》人公がかけ出した。

☐ 12 **23** □《ゆび》を寒さから **24** □《まも》るため、手ぶくろをつけた。

☐ 13 **25** □《おも》いボールで **26** 野□《きゅう》のトレーニングをする。

☐ 14 本の整理のお **27** □《れい》に荷物 **28** □《はこ》びを手つだった。

頻《ひん》出度
**B** ランク

# 漢字の読み①

● つぎの——線の漢字の読みがなをひらがなで、下の（　）の中に書きなさい。

目ひょう時間 17分

1回目 ／42

2回目 ／42

かい答・かいせつは別《べっ》さつ32ページ

☐ **1** ラジオの放送に耳をすます。（　　）

☐ **2** 自転車で買い物に出かける。（　　）

☐ **3** パソコンで調べると便利《べんり》だ。（　　）

☐ **4** 図書館に本を返しに行く。（　　）

☐ **5** 地下鉄を使って通学する。（　　）

☐ **6** そろそろ電気を消す時間だ。（　　）

☐ **7** 自由研究の発表をする。（　　）

☐ **8** バスから客が一人おりて来た。（　　）

☐ **9** くり返し練習することが大切だ。（　　）

☐ **22** 走りすぎていきが苦しい。（　　）

☐ **23** メモを取るためにノートを開く。（　　）

☐ **24** 数種類《しゅるい》の色えん筆を用意する。（　　）

☐ **25** 学芸《げい》会の役づくりをする。（　　）

☐ **26** 悲しい物語になみだが出た。（　　）

☐ **27** バーベキュー用に炭をおこす。（　　）

☐ **28** 一番打者はとにかく足が速い。（　　）

☐ **29** 一列ずつ前につめる。（　　）

☐ **30** 新年度から校長が代わる。（　　）

□ **10** クラス委員を順《じゅん》番につとめる。（　　）

□ **11** じ石《しゃく》は北の方向を指している。（　　）

□ **12** 田中君はチームのエースだ。（　　）

□ **13** 父は農園で働《はたら》いている。（　　）

□ **14** 晴れの日は外で遊ぼう。（　　）

□ **15** 好《す》きな仕事を続《つづ》けたい。（　　）

□ **16** 子どもたちが校庭に集合した。（　　）

□ **17** 朝のうちに植木に水をやる。（　　）

□ **18** 港に船が着くころだ。（　　）

□ **19** その住所にはもうだれもいない。（　　）

□ **20** きみがおこる理由も分かる。（　　）

□ **21** たて笛の練習をする。（　　）

---

□ **31** 進むべき道をさがす。（　　）

□ **32** 体の調子がよくなってきた。（　　）

□ **33** 自分の行動にせきにんを持つ。（　　）

□ **34** みんなの幸福な人生を願《ねが》った。（　　）

□ **35** 算数はどうも苦手だ。（　　）

□ **36** 銀メダルが日本人におくられた。（　　）

□ **37** 地図の記号はほとんど覚《おぼ》えた。（　　）

□ **38** 室内の温度が急に下がった。（　　）

□ **39** 左右の安全をかくにんする。（　　）

□ **40** 薬局でマスクを買う。（　　）

□ **41** サッカーよりも野球が好《す》きだ。（　　）

□ **42** 牛たちを野に放す。（　　）

頻《ひん》出度 B ランク

# 漢字の読み②

● つぎの――線の漢字の読みがなをひらがなで、下の（　）の中に書きなさい。

1 借《か》りていた本を返す。（　）

2 列車が鉄橋をわたる。（　）

3 家の前の道は通学路だ。（　）

4 子犬の体重は少しだけふえた。（　）

5 正月は親せき一同が集まる。（　）

6 昔、テレビのない時代があった。（　）

7 水泳教室に通っている。（　）

8 畑があったのは大昔のことだ。（　）

9 自転車に重い荷物を積《つ》んだ。（　）

22 みんなを代表してあいさつをする。（　）

23 体育は一番好《す》きな教科だ。（　）

24 おもちゃを全部かたづける。（　）

25 早めの消火が大切だ。（　）

26 坂のとちゅうに家がある。（　）

27 朝六時に起こされた。（　）

28 お化けやしきに行った。（　）

29 野球用具の手入れをする。（　）

30 電話番号を教える。（　）

目ひょう時間 17分

1回目 /42

2回目 /42

かい答・かいせつは別《べっ》さつ32-33ページ

☐10 ドラマの主人公にあこがれる。

☐11 イチゴの実がたくさんなった。

☐12 あまりのショックで言葉につまる。

☐13 人の意見をきちんと聞く。

☐14 ゆう便《びん》局で荷物を出す。

☐15 豆ふを一丁買う。

☐16 むずかしい問題に取り組む。

☐17 おかの上まで畑が広がっている。

☐18 二つの角が等しい三角形だ。

☐19 近くの山に友人と登る。

☐20 子羊のいる牧《ぼく》場に行く。

☐21 寒くなったのでコートを着る。

---

☐31 古い油を取りかえる。

☐32 めずらしく姉が台所に立っている。

☐33 ピクニックに出かける日を決める。

☐34 正月は神社にお参《まい》りする。

☐35 店には多くの商品がある。

☐36 言ったことは実行する。

☐37 筆箱にボールペンを入れる。

☐38 イベントは駅前広場で行われる。

☐39 列車が一番ホームに入る。

☐40 虫歯がズキズキいたい。

☐41 特《とく》に火の元には注意したい。

☐42 うちゅうから地球をながめる。

頻《ひん》出度
B
ランク

# 漢字の読み③

● つぎの――線の漢字の読みがなをひらがなで、下の（　）の中に書きなさい。

1 とった写真をメールで送る。（　　）
2 昔はこの町で石炭をほっていた。（　　）
3 魚料《りょう》理によくお酒を使う。（　　）
4 おもしろい手品を見せよう。（　　）
5 公園で写生をしている人を見た。（　　）
6 まもなく試《し》合が始まる。（　　）
7 どの練習にも根気がいる。（　　）
8 この先を曲がると川がある。（　　）
9 一面、黄色い菜《な》の花畑だった。（　　）

22 父は時代げきが好《す》きだ。（　　）
23 グラスにビールを注ぐ。（　　）
24 勝負はなかなか決まらなかった。（　　）
25 道で転んで出血した。（　　）
26 あの人の作品はおもしろい。（　　）
27 県道は交通量《りょう》が多い。（　　）
28 小麦こを練ってドーナツを作る。（　　）
29 かべには大きな油絵がかかっている。（　　）
30 電車はだんだん速度を上げた。（　　）

目ひょう時間 17分

1回目 ／42

2回目 ／42

かい答・かいせつは別《べっ》さつ33ページ

10 かぜをひいたが、薬は飲まない。（　　）

11 来年の目標《ひょう》が決定した。（　　）

12 姉は県立の高校に通っている。（　　）

13 母はいろいろな豆料《りょう》理を作る。（　　）

14 休日は鉄道写真をとりに行く。（　　）

15 ネコが屋根の上でねている。（　　）

16 家族と遊園地に出かける。（　　）

17 元気よく返事をする。（　　）

18 新しい服を買いに行く。（　　）

19 水族館でイルカのショーを見た。（　　）

20 近所の人にばったり出会う。（　　）

21 父はわかいころから登山をしている。（　　）

31 体育館でバレーボールをした。（　　）

32 新しい日記帳を買った。（　　）

33 開会式の入場行進が始まった。（　　）

34 運よく決勝までこまを進める。（　　）

35 山が銀色にかがやいている。（　　）

36 子どもはいつの間にか大きく育つ。（　　）

37 友だちがもうちょうで入院した。（　　）

38 神様に願《ねが》い事をした。（　　）

39 身なりを整えて出かける。（　　）

40 上を向くと晴れ間が見えた。（　　）

41 大きな病気はしたことがない。（　　）

42 デザートを味わって食べる。（　　）

頻《ひん》出度
B
ランク

# 漢字の読み④

目ひょう時間 17分

1回目 /42

2回目 /42

かい答・かいせつは別《べっ》さつ34ページ

● つぎの――線の漢字の読みがなをひらがなで、下の（　）の中に書きなさい。

☐ 1 矢が真ん中に命中した。（　　）
☐ 2 そろそろ出発の時こくだ。（　　）
☐ 3 寒くてシャツを重ねて着る。（　　）
☐ 4 集合時こくにおくれそうだ。（　　）
☐ 5 時期外れの雪がふっている。（　　）
☐ 6 小さななえが土に根づいた。（　　）
☐ 7 チューリップの球根を植える。（　　）
☐ 8 期待どおりの働《はたら》きをする。（　　）
☐ 9 階だんを一気にかけ上がる。（　　）

☐ 22 数字をひたすら暗記する。（　　）
☐ 23 この文の主語は何ですか。（　　）
☐ 24 まどに板を打ちつける。（　　）
☐ 25 遊園地の回転木馬に乗る。（　　）
☐ 26 古い線路はさびているようだ。（　　）
☐ 27 明日は今日よりも気温が高い。（　　）
☐ 28 父と親指がそっくりだ。（　　）
☐ 29 クラス全員でおうえんする。（　　）
☐ 30 上等の服を仕立ててもらう。（　　）

☐ 10 落とし物は何ですか。（　　）

☐ 11 運動会で実力が出せた。（　　）

☐ 12 終点までバスに乗っていく。（　　）

☐ 13 登校すると、校門に先生がいた。（　　）

☐ 14 子どもたちは校庭に整列している。（　　）

☐ 15 長い休みも明日で終わる。（　　）

☐ 16 仕上げるには時間がかかる。（　　）

☐ 17 赤ちゃんは幸せそうにねむっている。（　　）

☐ 18 発表会はあと一か月後だ。（　　）

☐ 19 あと三十秒で学校に着く。（　　）

☐ 20 ウォーキングから始めよう。（　　）

☐ 21 海に向かう用意をする。（　　）

---

☐ 31 ぼくの役目は見はりだ。（　　）

☐ 32 レジで品物の代金をはらう。（　　）

☐ 33 筆算で少数のひき算をした。（　　）

☐ 34 平たい道がまっすぐ続《つづ》く。（　　）

☐ 35 そこは思い出の場所だ。（　　）

☐ 36 秋祭りがもうすぐ始まる。（　　）

☐ 37 今日、ぼくは学校を去る。（　　）

☐ 38 手をふっていつまでも見送った。（　　）

☐ 39 チームは全力を出して戦《たたか》った。（　　）

☐ 40 旅先の兄から電話があった。（　　）

☐ 41 池で魚が死んでいた。（　　）

☐ 42 門出の式に出席《せき》する。（　　）

頻《ひん》出度

B ランク

# 書き順《じゅん》①

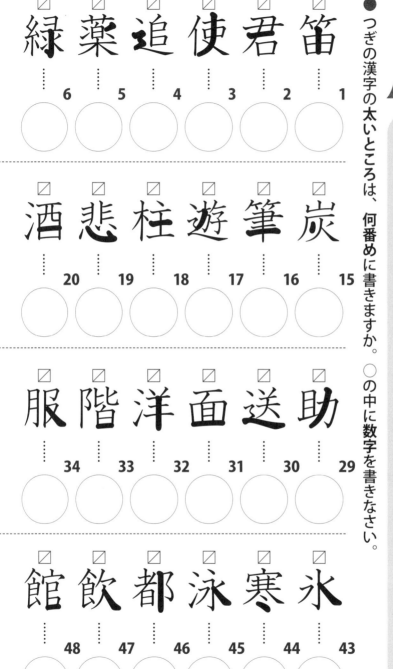

●つぎの漢字の**太い**ところは、何番めに書きますか。○の中に**数字**を書きなさい。

1 笛

2 君

3 使

4 追

5 薬

6 緑

15 炭

16 筆

17 遊

18 柱

19 悲

20 酒

29 助

30 送

31 面

32 洋

33 階

34 服

43 氷

44 寒

45 泳

46 都

47 飲

48 館

目ひょう時間 23分

1回目 /56

2回目 /56

かい答・かいせつは 別《べっ》さつ34-35ページ

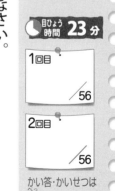

漢字の読み
書き順《じゅん》
対義《ぎ》語
同じ部首の漢字
同じ読みの漢字
送りがな
音読みと訓読《くん》み
漢字の書きとり
もぎテスト

7 運
8 州
9 横
10 昭
11 漢
12 曲
13 銀
14 勝

21 秒
22 福
23 悪
24 死
25 路
26 主
27 州
28 有

35 起
36 球
37 速
38 軽
39 重
40 美
41 植
42 動

49 箱
50 陽
51 所
52 談
53 章
54 神
55 問
56 橋

頻《ひん》出度 B ランク

# 書き順《じゅん》②

● つぎの漢字の太いところは、何番めに書きますか。○の中に数字を書きなさい。

1 階 ……（　）
2 業 ……（　）
3 港 ……（　）
4 指 ……（　）
5 勝 ……（　）
6 島 ……（　）

15 寒 ……（　）
16 期 ……（　）
17 軽 ……（　）
18 研 ……（　）
19 庫 ……（　）
20 暑 ……（　）

29 笛 ……（　）
30 羊 ……（　）
31 開 ……（　）
32 対 ……（　）
33 負 ……（　）
34 委 ……（　）

43 畑 ……（　）
44 短 ……（　）
45 着 ……（　）
46 由 ……（　）
47 流 ……（　）
48 病 ……（　）

目ひょう時間 23分

1回目 /56

2回目 /56

かい答・かいせつは別《べっ》さつ35ページ

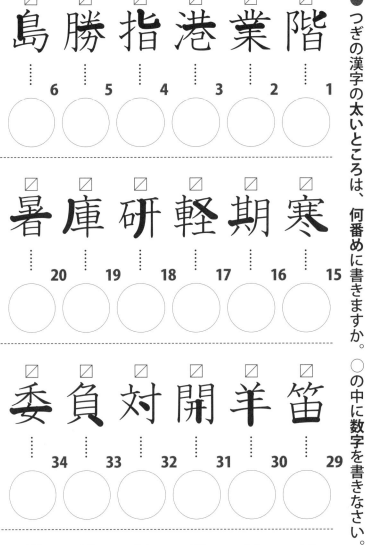

漢字の読み
書き順《じゅん》
対義《ぎ》語
同じ部首の漢字
同じ読みの漢字
送りがな
音読みと訓読《くん》み
漢字の書きとり
もぎテスト

7 発
8 放
9 泳
10 想
11 炭
12 鼻
13 薬
14 委

21 植
22 美
23 表
24 横
25 面
26 級
27 消
28 乗

35 運
36 屋
37 波
38 宮
39 湖
40 集
41 列
42 急

49 待
50 定
51 落
52 育
53 度
54 意
55 住
56 庭

頻《ひん》出度

B

ランク

# 書き順《じゅん》③

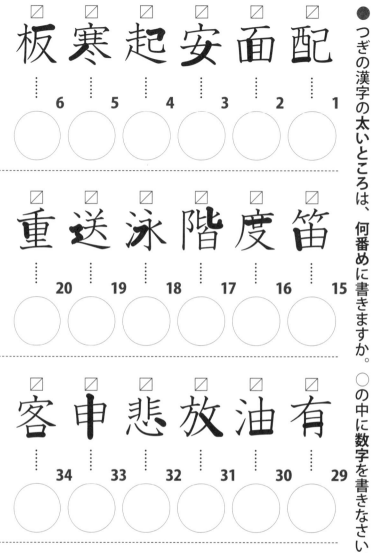

●つぎの漢字の**太い**ところは、何番めに書きますか。○の中に**数字**を書きなさい。

1 配 ○

2 面 ○

3 安 ○

4 起 ○

5 寒 ○

6 板 ○

15 笛 ○

16 度 ○

17 階 ○

18 泳 ○

19 送 ○

20 重 ○

29 有 ○

30 油 ○

31 放 ○

32 悲 ○

33 申 ○

34 客 ○

43 感 ○

44 礼 ○

45 苦 ○

46 物 ○

47 予 ○

48 実 ○

目ひょう時間 23分

1回目 /56

2回目 /56

かい答・かいせつは別《べっ》さつ35ページ

7 問
8 漢
9 曲
10 幸
11 詩
12 寒
13 岸
14 歯

21 対
22 駅
23 路
24 薬
25 悪
26 祭
27 氷
28 農

35 想
36 遊
37 暗
38 取
39 昭
40 葉
41 役
42 荷

49 具
50 暑
51 調
52 皮
53 表
54 息
55 坂
56 族

頻《ひん》出度

B
ランク

# 書き順《じゅん》④

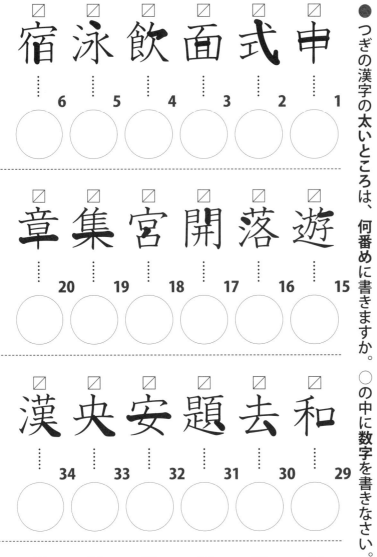

つぎの漢字の太いところは、何番めに書きますか。○の中に数字を書きなさい。

1 中 ……（　）
2 式 ……（　）
3 面 ……（　）
4 飲 ……（　）
5 泳 ……（　）
6 宿 ……（　）

15 遊 ……（　）
16 落 ……（　）
17 開 ……（　）
18 宮 ……（　）
19 集 ……（　）
20 章 ……（　）

29 和 ……（　）
30 去 ……（　）
31 題 ……（　）
32 安 ……（　）
33 央 ……（　）
34 漢 ……（　）

43 受 ……（　）
44 局 ……（　）
45 柱 ……（　）
46 研 ……（　）
47 持 ……（　）
48 始 ……（　）

目ひょう時間 23分

1回目 ／56

2回目 ／56

かい答・かいせつは別《べっ》さつ36ページ

| | | | | | | | |
|---|---|---|---|---|---|---|---|
| 7 所 | 8 勝 | 9 都 | 10 悲 | 11 病 | 12 秒 | 13 勉 | 14 面 |
| 21 神 | 22 身 | 23 息 | 24 童 | 25 階 | 26 返 | 27 薬 | 28 歯 |
| 35 拾 | 36 打 | 37 向 | 38 号 | 39 究 | 40 級 | 41 真 | 42 化 |
| 49 商 | 50 代 | 51 平 | 52 指 | 53 州 | 54 倍 | 55 使 | 56 守 |

頻《ひん》出度
B
ランク

# 対義《ぎ》語①

●（　）の中に漢字を書いて、上とはんたいのいみのことばにしなさい。

□集める―1（　）《くば》る

□和食―2（　）《よう》食

□ぬぐ―3（　）《き》る

□一部―4（　）《ぜん》部

□止まる―5（　）《うご》く

---

□むかえる―12（　）《おく》る

□かりる―13（　）《かえ》す

□心配―14（　）《あん》心

□長所―15（　）《たん》所

□投げる―16（　）《う》ける

---

□はじめ―23（　）《お》わり

□よろこぶ―24（　）《かな》しむ

□たて書き―25（　）《よこ》書き

□とく意―26（　）《にが》手

□下山―27（　）《と》山

目ひょう時間 14分

1回目 ／33

2回目 ／33

かい答・かいせつは別《べっ》さつ36ページ

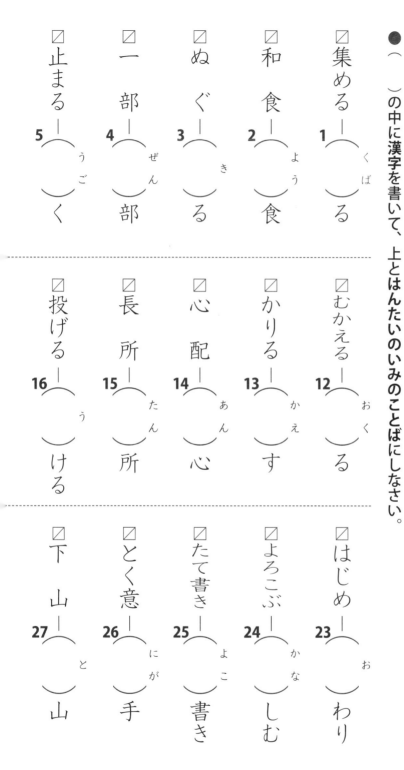

☐ 6 拾う―（　）《お》とす
☐ 7 始まる―（　）《お》わる
☐ 8 点火―（　）《しょう》火
☐ 9 暑い―（　）《さむ》い
☐ 10 きけん―（　）《あん》全
☐ 11 とう着―出（　）《ぱつ》

---

☐ 17 負ける―（　）《か》つ
☐ 18 直線―（　）《きょく》線
☐ 19 来る―（　）《さ》る
☐ 20 教える―（　）《なら》う
☐ 21 おりる―（　）《の》る
☐ 22 全体―（　）《ぶ》分

---

☐ 28 ちらばる―（　）《あつ》まる
☐ 29 和服―（　）《よう》服
☐ 30 止める―（　）《うご》かす
☐ 31 配る―（　）《あつ》める
☐ 32 勝ち―（　）《ま》け
☐ 33 受ける―（　）《な》げる

頻《ひん》出度

B ランク

# 同じ部首の漢字①

目ひょう時間 18分

1回目 ／44

2回目 ／44

かい答・かいせつは別《べっ》さつ37ページ

● おなじなかまの漢字を□の中に書きなさい。

□ しめすへん（ネ）…… 1 □《ふく》引き・2 □《じん》社

□ てへん（扌）…… 親 3 □《ゆび》・気 4 □《も》ち

□ にんべん（亻）…… 5 □《た》人・二 6 □《ばい》

□ さんずい（氵）…… 7 □《よう》服・8 □《ちゅう》目

□ かねへん（金）…… 9 □《ぎん》行・10 □《てつ》道

---

□ さんずい（氵）…… 23 □《けっ》定・24 □《しょう》火

□ ぼくづくり《のぶん》（攵）…… 25 □《ととの》える・26 □《ほう》送

□ にんべん（亻）…… 27 □《じゅう》所・力 28 □《し》事

□ しょくへん（食）…… 29 □《の》む・図書 30 □《かん》

□ ぎょうにんべん（彳）…… 31 □《ま》つ・主 32 □《やく》

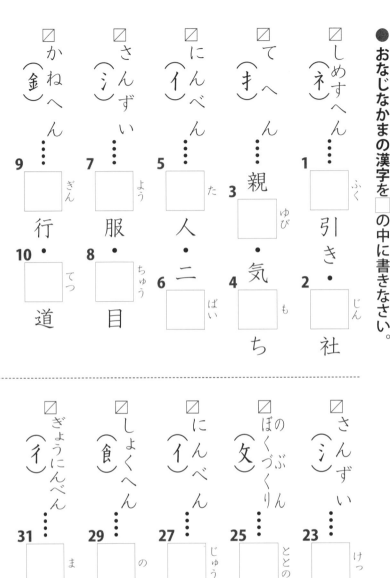

☐ ごんべん（言）…… 相 11 □《だん》・12 □《しら》べる

☐ きへん（木）…… 黒 13 □《ばん》・つり 14 □《ばし》

☐ いとへん（糸）…… 15 □《みどり》色・16 □《しゅう》業式

☐ きへん（木）…… 17 □《しょく》物・18 □《よこ》顔

☐ くるまへん（車）…… 19 □《かる》い・自 20 □《てん》車

☐ しんにょう しんにゅう（辶）…… 放 21 □《そう》・22 □《えん》足

---

☐ たけかんむり（竹）…… 絵 33 □《ふで》・34 □《ひと》しい

☐ てへん（扌）…… 35 □《な》げる・36 □《ひろ》う

☐ くさかんむり（艹）…… 37 □《お》ちる・38 □《ちゃ》色

☐ いとへん（糸）…… 39 □《れん》習・40 □《こま》かい

☐ さんずい（氵）…… 41 □《なみ》音・空 42 □《こう》

☐ うかんむり（宀）…… 43 □《さむ》い・教 44 □《しつ》

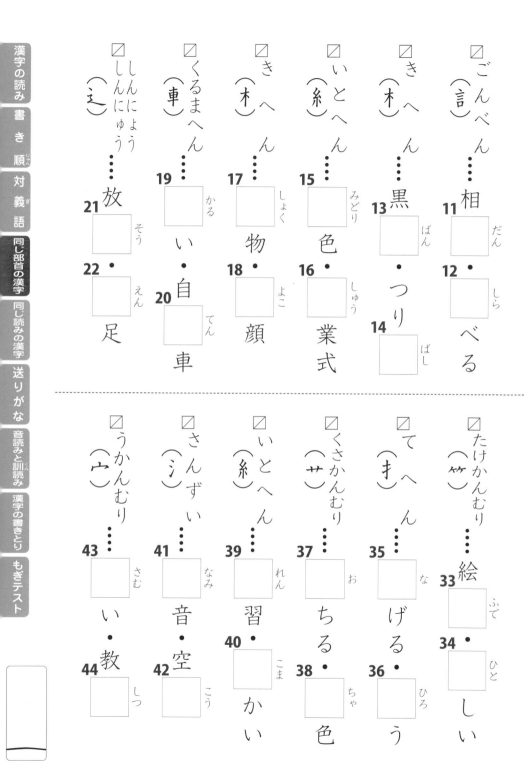

頻《ひん》出度
B
ランク

# 同じ読みの漢字①

目ひょう時間 15分

1回目 ／36

2回目 ／36

かい答・かいせつは別《べっ》さつ37ページ

● つぎの（　）の中に漢字を書きなさい。

□ 1 ていねいな（　）《し》事を心がける。

□ 2 試《し》合開（　）《し》は午後二時だ。

□ 3 交通じこの（　）《し》者数がへっている。

□ 4 新しい絵の具を（　）《し》用する。

□ 5 紙ひこうきが十（　）《びょう》間、空をとんだ。

□ 6 兄は（　）《びょう》気のため学校を休んだ。

□ 7 みんなで記念《ねん》（　）《しゃ》真をとる。

□ 8 本の作（　）《しゃ》のプロフィールを調べる。

---

□ 19 ねぎと（　）《とう》ふのみそしるをいただく。

□ 20 今日は友だちと二人で（　）《とう》校した。

□ 21 海につき出た半（　）《とう》をバスでめぐる。

□ 22 運動会で一（　）《とう》しょうを目指す。

□ 23 げきで王様の家来の（　）《やく》をした。

□ 24 （　）《やく》品がたなにならんでいる。

□ 25 （　）《じゅう》所と名前を書いてはがきを出す。

□ 26 体（　）《じゅう》はふえる一方だ。

□ **9** 夕食後にテレビで時（　　）《だい》げきを見る。

□ **10** 国語の宿（　　）《だい》を終えて遊びに行った。

□ **11** 母はピンク色の（　　）《ふく》で出かけた。

□ **12** スーパーの（　　）《ふく》引きで三等を当てた。

□ **13** （　　）《あん》心はお金では買えない。

□ **14** 九九は（　　）《あん》記している。

□ **15** 図書（　　）《かん》からかりた本を返しに行く。

□ **16** 本の（　　）《かん》想文を書いて先生に出す。

□ **17** 星の（　　）《けん》究をしたい。

□ **18** 冬休みに石川（　　）《けん》を旅行する。

---

□ **27** 電（　　）《ちゅう》のかげにネコがいる。

□ **28** （　　）《ちゅう》意書きをよく読む。

□ **29** オリンピックの出場を（　　）《けっ》意する。

□ **30** 切りきずの出（　　）《けっ》はすぐに止まった。

□ **31** 道路工（　　）《じ》がスタートする。

□ **32** （　　）《じ》回の当番を選《えら》ぶ。

□ **33** （　　）《どう》物園でコアラの赤ちゃんを見た。

□ **34** 子どもに（　　）《どう》話を読み聞かせる。

□ **35** 石（　　）《たん》をもやして汽車を走らせる。

□ **36** 自分の長所と（　　）《たん》所を書きこむ。

頻出度《ひんしゅつど》

B ランク

# 送りがな①

目ひょう時間 8分

1回目 /20

2回目 /20

かい答・かいせつは別《べっ》さつ38ページ

● つぎの――線のカタカナを○の中の漢字と送りがな（ひらがな）で□の中に書きなさい。

〈れい〉(小) **チイサイ**鳥を見た。　小さい

1 (負) ゲームに**マケル**のはくやしい。

2 (決) どのえい画を見るかを**キメル**。

3 (運) 大きな荷物を**ハコブ**。

4 (短) **ミジカイ**ぼうを三本用意する。

11 (開) 公園の門は朝五時に**ヒラク**。

12 (曲) 手首を**マゲル**運動をする。

13 (温) 電子レンジで牛にゅうを**アタタメル**。

14 (写) 文字をていねいに書き**ウツス**。

5 配 全員にプリントを**クバル**。

6 調 言葉の意味を**シラベル**。

7 落 冬になると木の葉が**オチル**。

8 集 きれいな貝がらを**アツメル**。

9 消 もえていた火が**キエル**。

10 化 昔話でタヌキが人間に**バケル**。

---

15 習 空手を**ナラウ**ことにした。

16 深 この川はかなり**フカイ**。

17 転 坂の上からボールを**コロガス**。

18 泳 水そうでメダカが**オヨグ**。

19 放 川にサケのち魚を**ハナス**。

20 拾 市の公園でゴミを**ヒロウ**。

頻《ひん》出度
B
ランク

# 音読みと訓《くん》読み①

目ひょう時間 15分

1回目 /36

2回目 /36

かい答・かいせつは別《べっ》さつ38ページ

● つぎの――線の漢字の読みがなを下の（　）の中に書きなさい。

☐ 1 高学年になって身長がのびた。（　　）
☐ 2 まず身の安全をはかろう。（　　）

☐ 3 コーチの期待にこたえる。（　　）
☐ 4 荷物がとどくのを待つ。（　　）

☐ 5 登校時間はとっくにすぎた。（　　）
☐ 6 ぼくは木登りが好《す》きだ。（　　）

☐ 7 アンモナイトの化石がある。（　　）
☐ 8 あの家はお化けやしきのようだ。（　　）

☐ 19 かけっこで一等をとった。（　　）
☐ 20 正三角形の辺《へん》の長さは等しい。（　　）

☐ 21 むずかしい問題が出た。（　　）
☐ 22 せきにんを問う声がある。（　　）

☐ 23 指定された場所に着く。（　　）
☐ 24 指のきれいな人に出会う。（　　）

☐ 25 次の駅で急行電車に乗りかえる。（　　）
☐ 26 小走りで先を急ぐ。（　　）

9 練習問題をやってみる。

10 父にピアノを習う。

11 会社の住所をたずねる。

12 都会に住んでみたい。

13 体の調子が良《よ》い。

14 漢字の意味を調べる。

15 放課《か》後に校庭で野球をする。

16 庭の木に実がなった。

17 体重がふえたことが気になる。

18 重い荷物を持って出かける。

27 旅行の写真を整理する。

28 黒板の文字をノートに書き写す。

29 植物園はすぐ近くだ。

30 山になえ木を植える。

31 車に注意して横だん歩道をわたる。

32 コップにジュースを注ぐ。

33 遠くで汽笛が聞こえる。

34 父は口笛を上手にふく。

35 目次を見てページを開く。

36 次の科目は音楽だ。

頻出度《ひん》
B
ランク

# 音読みと訓読《くん》み②

目ひょう時間 15分

1回目 /36

2回目 /36

かい答・かいせつは別《べっ》さつ38-39ページ

● つぎの——線の漢字の読みがなを下の（　）の中に書きなさい。

1 今日、薬局が開店する。（　）
2 薬を飲んでゆっくり休む。（　）
3 きず口から出血する。（　）
4 血が体中をめぐっている。（　）
5 先生に進路を相談する。（　）
6 相手はかなりの強てきだ。（　）
7 的《まと》の真ん中に命中した。（　）
8 動物の命を守る。（　）

19 水平線が遠くに見える。（　）
20 平らな場所に車を止める。（　）
21 前進してボールを取った。（　）
22 自転車で土手の上を進む。（　）
23 校内放送で音楽が流れていた。（　）
24 今回は参加《さんか》を見送る。（　）
25 運動会でリレーに出場した。（　）
26 大きな石をみんなで動かす。（　）

9 家族全員で遊園地に行く。（　　）

10 公園で元気に遊ぶ。（　　）

11 苦心した作品が完成《かんせい》する。（　　）

12 山登りで息が切れて苦しい。（　　）

13 校庭で消火くん練が行われた。（　　）

14 電気を消しわすれてねる。（　　）

15 会場の様子を伝《つた》える。（　　）

16 王様は強くやさしい。（　　）

17 終点の駅で落ち合おう。（　　）

18 今日のじゅ業は終わった。（　　）

---

27 集合時こくは午前十時だ。（　　）

28 人が集まる場所はさけたい。（　　）

29 半島の先に白い家がたっている。（　　）

30 島にわたる船が出港した。（　　）

31 げきの主人公役に選《えら》ばれる。（　　）

32 主な行事には出る予定だ。（　　）

33 筆算で三けたのかけ算をする。（　　）

34 習字の筆の先をととのえる。（　　）

35 始業式は体育館で行われる。（　　）

36 夕食後に勉強を始める。（　　）

頻《ひん》出度

B

ランク

# 漢字の書きとり①

目ひょう時間 12分

1回目 /28

2回目 /28

かい答・かいせつは別《べっ》さつ39-40ページ

● つぎの□の中に漢字を書きなさい。

1 水道工 **1** □《じ》が始まり、**2** □《ふか》いあながほられた。

2 **3** □《びょう》 **4** □《いん》によってから学校に行くつもりだ。

3 地しんで **5** □《や》 **6** □《ね》のかわらがわれた。

---

8 毎日 **15** □《うん》 **16** □《どう》しているので体調がいい。

9 めずらしいチョウがこの地 **17** □《く》で **18** □《はっ》見された。

10 **19** □《じゅう》 **20** □《しょ》が変《か》わったのでとどけ出た。

☐4 7□《ふえ》をふきながら歩いて 8行□《れつ》の先頭に出る。

☐5 全国にちらばったふしぎな石を 9□《あつ》める 10□《もの》語だ。

☐6 親るいが集まると 11□《むかし》話で お酒が 12□《すす》む。

☐7 用語の 13□《い》 14□《み》をていねいに 伝《つた》える。

---

☐11 気 21□《おん》を記ろくする 22□《かかり》を まかされる。

☐12 23□《さか》道を登りきったところに 24□《うん》動場がある。

☐13 学級文 25□《こ》に本を 26□《かえ》す。

☐14 27□《まめ》電球のしくみを中田 28□《くん》から 教わる。

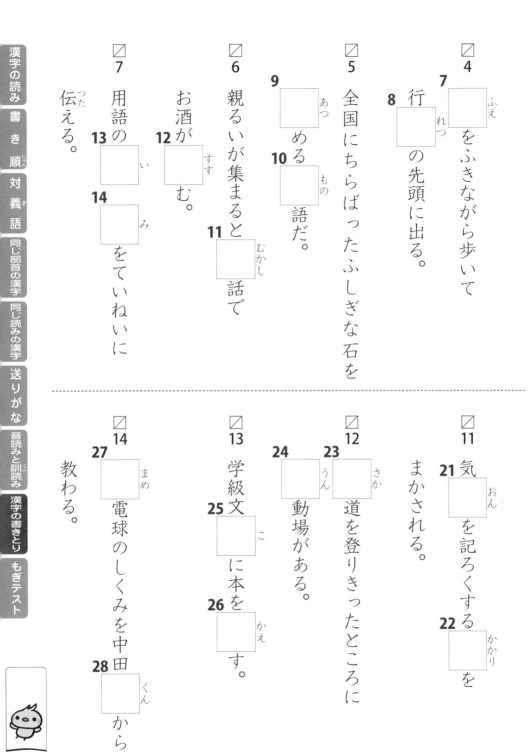

頻《ひん》出度

B

ランク

# 漢字の書きとり②

目ひょう時間 12分

1回目 /28

2回目 /28

かい答・かいせつは別《べっ》さつ40ページ

●つぎの□の中に漢字を書きなさい。

☐ 1 とても好《す》きな 1 □《きょく》だがかしの言 2 □《ば》がむずかしい。

☐ 2 水 3 □《ぞく》 4 □《かん》に新たな魚たちが加《くわ》わった。

☐ 3 イベントで 5 □《みどり》色のシャツを 6 □《き》る。

---

☐ 8 古くなった 15 □《よう》 16 □《ふく》を整理する。

☐ 9 17 □《きゃく》船の室内の 18 □《おん》度が急に上がった。

☐ 10 19 □《し》 20 □《ぎょう》式で校長先生があいさつする。

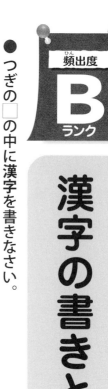

□ 4 自然《ぜん》公園で 7 □《どう》 8 □《ぶつ》たちとふれ合う。

□ 5 9 □《うん》動会のリハーサルを 10 □《はじ》める。

□ 6 「人の 11 □《いのち》は地 12 □《きゅう》より重い」という一文がある。

□ 7 13 □《ぎん》行のまど口の仕事は夕方に 14 □《お》わる。

---

□ 11 花を育てる 21 □《し》 22 □《ごと》がしたい。

□ 12 子犬の 23 □《せ》話がしっかりできるか、とても心 24 □《ぱい》だ。

□ 13 25 □《しょく》 26 □《ぶつ》を育てるのは根気がいる。

□ 14 27 □《さか》をかけ下りて先を 28 □《いそ》ぐ。

頻《ひん》出度

**B**

ランク

# 漢字の書きとり③

目ひょう時間 12分

1回目 ／28

2回目 ／28

かい答・かいせつは
別《べっ》さつ41ページ

●つぎの□の中に漢字を書きなさい。

☐ 1 地 **1** □《めん》 にかいた線をみんなで **2** □《け》 す。

☐ 2 水 **3** □《えい》 大会で強い選《せん》手に **4** □《か》 つことができた。

☐ 3 **5** □《かる》 い気 **6** □《も》 ちでテストを受ける。

---

☐ 8 石 **15** □《ゆ》 などのエネルギーの勉強会を **16** □《ひら》 く。

☐ 9 **17** □《ぎん》 メダルを取った選《せん》手が書いた文 **18** □《しょう》 を読む。

☐ 10 作物の **19** □《と》 り入れのために新しい作業 **20** □《ふく》 を着る。

☐ 4 天気図を見て台風の進路を 7 □《よ》 8 □《そう》 する。

☐ 5 体 9 □《じゅう》 を急にへらしすぎるのは体に 10 □《わる》 い。

☐ 6 父が 11 □《うん》 12 □《てん》 する自動車で出かけた。

☐ 7 九 13 □《しゅう》 地方の夏はとても 14 □《あつ》 い。

---

☐ 11 21 □《い》 22 □《しゃ》 から病気の説《せつ》明を受けた。

☐ 12 家の 23 □《おく》 上でたて 24 □《ぶえ》 の練習をする。

☐ 13 世話をする 25 □《ひつじ》 にそれぞれ番 26 □《ごう》 をつける。

☐ 14 マラソンは運 27 □《どう》 場を出て赤い 28 □《はし》 を通るコースだ。

頻《ひん》出度

B

ランク

# 漢字の書きとり④

目ひょう時間 12分

1回目 ／28

2回目 ／28

かい答・かいせつは別《べっ》さつ41-42ページ

●つぎの□の中に漢字を書きなさい。

☑1 **1**□《き》められたプログラム通り**2**運□《どう》会は進行する。

☑2 南口にある広場のベンチの**3**□《よこ》に**4**□《あつ》まる。

☑3 **5**□《きし》から飛《と》びこんでおぼれた人を**6**□《たす》ける。

☑8 前から十**15**□《れつ》目からが**16**自□《ゆう》せきだ。

☑9 **17**王□《さま》は道を**18**□《ま》がって、森のおくの湖へ向かった。

☑10 エレベーターは**19**□《つぎ》に六**20**□《かい》で止まる。

☐ 4 ドラマの場7□《めん》が変《か》わり8□《しん》長の高い役者が登場する。

☐ 5 ゲームに9□《ま》けて、10□《しょう》店がいをとぼとぼ歩いて帰る。

☐ 6 母は11□《びょう》気が悪化したため12□《いん》入した。

☐ 7 体育のじゅ業では13□《てつ》ぼうととび14□《ばこ》がとく意だ。

---

☐ 11 音楽の時間にト音記21□《ごう》を学22□《しゅう》する。

☐ 12 23□《ぎん》色に光って見える屋根の家で24□《そだ》った。

☐ 13 走るのが25□《はや》いチーターが、えものを追って26□《うご》く。

☐ 14 27□《のう》家の庭先から山28□《のぼ》りをする人が見える。

頻《ひん》出度
C
ランク

# 漢字の読み①

目ひょう時間 17分

1回目 ／42

2回目 ／42

かい答・かいせつは別《べっ》さつ43ページ

●つぎの——線の漢字の読みがなをひらがなで、下の（　）の中に書きなさい。

☐ 1 クラブの会員を集める。（　）
☐ 2 寺には太い柱がある。（　）
☐ 3 他人の行いをまねる。（　）
☐ 4 朝日とともに早起きをする。（　）
☐ 5 王様が国民《みん》に手をふった。（　）
☐ 6 間もなく開会式が始まる。（　）
☐ 7 半島の先に港町がある。（　）
☐ 8 夏休みの宿題を三日で終える。（　）
☐ 9 横顔がすてきな人だ。（　）

☐ 22 父は鼻歌まじりできげんがいい。（　）
☐ 23 竹のぼうをきれいに曲げる。（　）
☐ 24 海面に大きなクラゲがういている。（　）
☐ 25 温室で南国の花を見た。（　）
☐ 26 兄は一人で旅をするのが好《す》きだ。（　）
☐ 27 高速フェリーで島にわたる。（　）
☐ 28 学級新聞の記事を書く。（　）
☐ 29 両手はふさがっている。（　）
☐ 30 春になり、雪が消えた。（　）

10 姉はいつも弟の味方だ。（　　）（　　）
11 本の中身は目次でかくにんできる。（　　）（　　）
12 歩道橋を使ったほうが安全だ。（　　）（　　）
13 ホームに発車のベルがひびく。（　　）（　　）
14 真上に太陽がのぼってきた。（　　）（　　）
15 指先に力を入れる。（　　）（　　）
16 夏祭りのじゅんびが始まった。（　　）（　　）
17 本の表紙のデザインを考える。（　　）（　　）
18 新学期は転校する子が多い。（　　）（　　）
19 ドラマの題名をわすれてしまった。（　　）（　　）
20 長年の努《ど》力がようやく実る。（　　）（　　）
21 暗算をして答えを出す。（　　）（　　）

31 先生からペン字を習う。（　　）（　　）
32 静《しず》かな曲が流れている。（　　）（　　）
33 米が主な特産《とくさん》物だ。（　　）（　　）
34 友人のノートを書き写す。（　　）（　　）
35 市役所は駅の西口にある。（　　）（　　）
36 この先は急カーブになっている。（　　）（　　）
37 母は車の運転がうまくなった。（　　）（　　）
38 小さな子どもの世話をする。（　　）（　　）
39 日用品は安い日にまとめて買う。（　　）（　　）
40 マラソン大会は長く感じる。（　　）（　　）
41 子どもたちは動物園が大好《す》きだ。（　　）（　　）
42 他校の中に入るのは初《はじ》めてだ。（　　）（　　）

頻《ひん》出度
C
ランク

# 漢字の読み②

●つぎの――線の漢字の読みがなをひらがなで、下の（　）の中に書きなさい。

1 大きな球場で試《し》合をする。（　）
2 えい画のラストシーンに感動する。（　）
3 自転車で歩道を横切る。（　）
4 日本列島は寒気に包《つつ》まれた。（　）
5 手紙をそえて品物を送る。（　）
6 ストレッチでむねを反らす。（　）
7 ねる前に軽い運動をする。（　）
8 れいぞう庫にたまごを入れる。（　）
9 道路の工事が終わる。（　）

22 言葉の意味を調べる。（　）
23 学級の文集を作った。（　）
24 学芸《げい》会のげきの主役をえらぶ。（　）
25 新しい星を発見したい。（　）
26 町内会の役員になる。（　）
27 道の両がわに飲食店がある。（　）
28 宿題がないと知って安心した。（　）
29 温かい緑茶を飲む。（　）
30 歯医者に通院している。（　）

目ひょう時間 17分

1回目 /42

2回目 /42

かい答・かいせつは別《べっ》さつ43-44ページ

□10 始業式で校歌を歌う。
□11 サッカーボールが転がる。
□12 店の前に人の列ができる。
□13 友人と山登りに行く。
□14 全員に同じ物を送る。
□15 夕日が水平線にしずむ。
□16 全身の力をこめてジャンプする。
□17 用意しておいた地図が役立った。
□18 急用のため家を空ける。
□19 予期せぬことがしばしば起こる。
□20 草を根もとからぬく。
□21 詩集をプレゼントする。

□31 次回のテストは来週だ。
□32 荷台に積《つ》んだ家具をおろす。
□33 これまでのことは水に流す。
□34 タンポポのくきで草笛を作る。
□35 本州と四国をむすぶ橋だ。
□36 長男の入学式に出席《せき》する。
□37 止まった電車がようやく動く。
□38 豆電球を使って実験《けん》する。
□39 今後の動きが注目される。
□40 習字の教室に通っている。
□41 ようやく決心がつく。
□42 秋が深まり山々が色づく。

頻《ひん》出度
C
ランク

# 漢字の書きとり①

目ひょう時間 12分

1回目 /28

2回目 /28

かい答・かいせつは別《べっ》さつ44ページ

● つぎの□の中に漢字を書きなさい。

☐ 1 木の **1** □《いた》をたくさん使って大きな **2** □《もの》を作る。

☐ 2 **3** □《ひょう》**4** □《めん》はつるつるだが、うらはざらざらだ。

☐ 3 なじみの **5** □《やっ》**6** □《きょく》は、今日も休みだった。

---

☐ 8 朝一番に出 **15** □《ぱつ》するバスで商 **16** □《ひん》を運ぶ。

☐ 9 **17** □《ま》っ白な紙の **18** □《もう》しこみ書に黒のえん筆で記入する。

☐ 10 **19** □《あい》手チームの自転車の **20** □《そく》度が落ちてきた。

☐ **4** 家に **7** □《ふで》 **8** □《ばこ》をわすれた。

☐ **5** みんなに **9** □《くば》られたなえ木が二 **10** □《ばい》の長さになった。

☐ **6** 大きく **11** □《そだ》ったきゅうりを **12** □《えき》前のおばの家に持って行った。

☐ **7** 夜中に急に **13** □《は》がいたくなって **14** □《くる》しんだ。

---

☐ **11** 大 **21** □《むかし》の人は、たたかうときに石を **22** □《な》げることもあった。

☐ **12** たのんでいた **23** □《ぶっ》 **24** □《ぴん》が昼休みにとどいた。

☐ **13** ゆうびん **25** □《きょく》に行 **26** □《れつ》ができる。

☐ **14** 運動会の **27** □《かい》 **28** □《かい》式が始まる。

漢・字・パ・ズ・ル

# お花をさかせよう！

花びらと花のまん中の字をあわせると、2字の言葉ができます。〔1〕の「れい」のように、花びらぜんぶと組みあわせることができる漢字を、まん中に書きましょう（三角の方向に読みます）。まん中に入る漢字は、音読みの場合とくん読みの場合があります。〔1〕～〔3〕をつなげると、どんな言葉になるでしょうか？

〔1〕れい

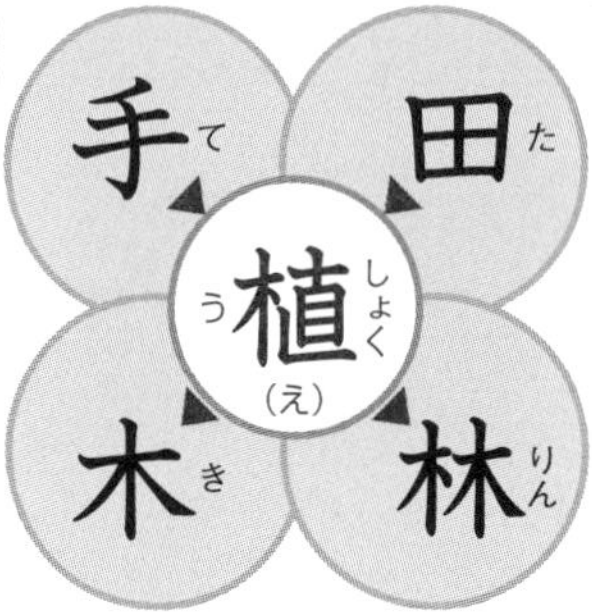


〔2〕

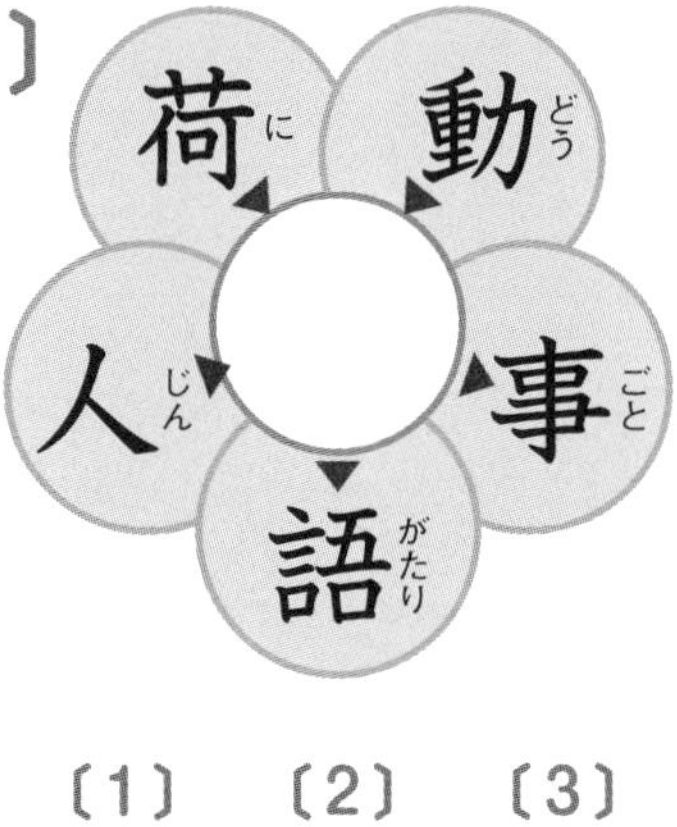


〔3〕

| 〔1〕 | 〔2〕 | 〔3〕 |
| --- | --- | --- |
| 植 | | |

答え

植《しょく》物《ぶつ》園《えん》

〔1〕田《た》植《う》え、植林《しょくりん》、植《う》え木《き》、手《て》植《う》え
〔2〕動物《どうぶつ》、物事《ものごと》、物語《ものがたり》、人物《じんぶつ》、荷物《にもつ》
〔3〕公園《こうえん》、楽園《らくえん》、庭園《ていえん》、田園《でんえん》、学園《がくえん》

# もぎテスト

実際の試験《しけん》と同じ形式のもぎテストを４回掲《けい》載《さい》しています。実際の試験《しけん》は40分ですので、自分で時間を計ってやってみましょう。答え合わせも正確に行いましょう。合かく点の目安は150点満点中の120点(80%程度《ていど》)です。

# 本試験《しけん》形式 第1回 もぎテスト

目ひょう時間 40分
合かく点 120点
1回目 /150
2回目 /150
かい答は別《べっ》さつ45ページ

(一) つぎの——線の**漢字**の**読みがな**を——線の**右**に書きなさい。

1×30=30点
点

1 部屋の中央にテーブルがある。

2 美しい毛なみの犬を見た。

3 荷物を小さくまとめる。

4 長い坂道をかけ下りた。

5 駅の前で友だちを見送った。

6 父は長い間この町に住んでいる。

7 朝早く起きると気分がいい。

☐ **8** ピッチャーがボールを投げた。

☐ **9** 黒板の文字をきれいに消す。

☐ **10** 大きな犬が上手に泳いでいる。

☐ **11** 身長が五センチのびた。

☐ **12** デパートの屋上にペットショップがある。

☐ **13** 図書館で童話を借《か》りる。

☐ **14** ここから神社まではすぐだ。

☐ **15** 体調がよくないので早くねる。

☐ **16** 農園でリンゴを食べた。

☐ **17** 大きな島でキャンプをしたい。

☐ **18** ひざを曲げる体そうをする。

☐ **19** 台所から、いいにおいがする。

☐20 かごからにげた鳥を追いかける。

☐21 感動でなみだがあふれた。

☐22 近所で花火大会が開かれる。

☐23 商店街《がい》で買い物をする。

☐24 ちこくしないように急いで行く。

☐25 三十分で家に着いた。

☐26 市役所は家から歩いて五分だ。

☐27 花に水をやるのがぼくの役目だ。

☐28 川の深さはどれくらいだろう。

☐29 新しい計画を実行に移《うつ》す。

☐30 計算がいちばん苦手だ。

## (二)

つぎの漢字の**太いところ**は、**何番め**に書きますか。○の中に**数字**を書きなさい。

1 橋 ○

2 死 ○

3 氷 ○

4 面 ○

5 業 ○

6 部 ○

7 問 ○

8 局 ○

9 様 ○

10 化 ○

1×10=10点

点

## (三)

（　）の中に**漢字**を書いて、上と**はんたいのいみのことば**にしなさい。

1 明るい ― （くら）い

2 いま ― （むかし）

3 自分 ― （た）人

4 あさい ― （ふか）い

5 点火 ― （しょう）火

2×5=10点

点

## (四) おなじなかまの**漢字**を□の中に書きなさい。

2×10=20点

点

まだれ（广）…… 車 1 □《こ》 ・ 校 2 □《てい》

こころ（心）…… 用 3 □《い》 ・ 4 □《かん》 想

かばね しかばね（尸）…… 5 □《や》 根 ・ 薬 6 □《きょく》

さんずい（氵）…… 7 □《あぶら》 絵 ・ 8 □《しょう》 化

ぎょうにんべん（彳）…… 9 □《ま》 つ ・ 午 10 □《ご》

## (五) つぎの（　）の中に**漢字**を書きなさい。

2×10=20点

点

1 多数（　《けつ》　）で級長に選《えら》ばれた。

2 かさぶたを取ったら出（　《けつ》　）した。

3 （　《しゅう》　）合時間を決めよう。

4 （　《しゅう》　）点までの切ぷを買う。

5 エレベーターで五（　《かい》　）まで行く。

6 こん虫の世（　《かい》　）はおもしろい。

7 雨がやんで（　《あん》　）心した。

8 九九を（　《あん》　）記した。

9 しょう来は（　《い》　）者になりたい。

10 先生に生活たいどを注（　《い》　）された。

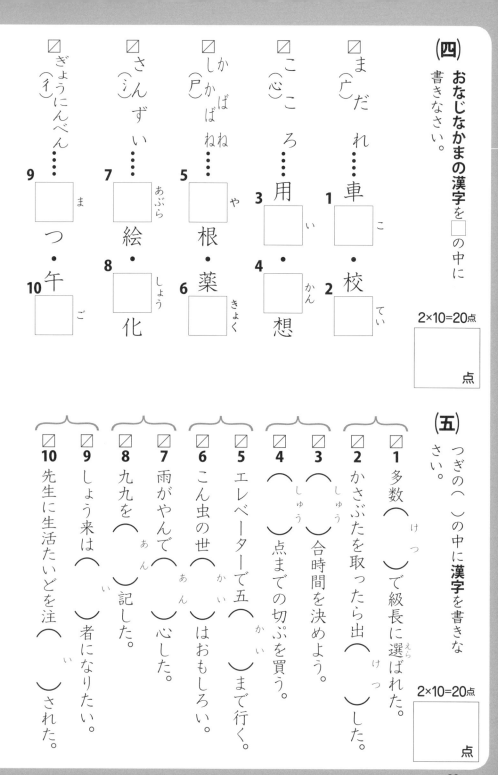

## (六)

つぎの——線のカタカナを○の中の**漢字と送りがな（ひらがな）**で□の中に書きなさい。

2×5=10点　[ ]点

〈れい〉 (小) **チイサイ**鳥を見た。 [小さい]

1 (温) おふろで体を**アタタメル**。 [ ]

2 (転) ボウリングの球が**コロガル**。 [ ]

3 (運) 親鳥がえさを**ハコブ**。 [ ]

4 (植) 公園に花を**ウエル**。 [ ]

5 (集) 全国から人が**アツマル**。 [ ]

## (七)

つぎの——線の**漢字**の**読みがな**を——線の**右**に書きなさい。

1×10=10点　[ ]点

1 なやみを相談する。

2 相手のことを思いやる。

3 海岸のそうじをする。

4 向こう岸まで走ろう。

5 悲しい知らせがとどいた。

6 お化け屋しきで悲鳴を上げる。

7 本の表紙が気に入った。

8 紙にも表とうらがある。

9 弱い人の味方になる。

10 味つけがこい料《りょう》理が好《す》きだ。

## (八) つぎの□の中に漢字を書きなさい。

2×20=40点

点

1 学校の図書 1 □《かん》 で算数の 2 □《しゅく》 題をした。

2 3 □《なみ》 うちぎわを歩いていたら、空に 4 □《なが》 れ星が光った。

3 5 □《うん》 転手がトラックから 6 □《に》 物をおろす。

☐4 この道を7□《ま》がると8□《ぎん》行がある。

☐5 9□《どう》物園で木の10□《み》を食べるサルを見た。

☐6 クラスのみんなでたて11□《ぶえ》の練12□《しゅう》をした。

☐7 山13□《のぼ》りのあと、のどがかわいて水をたくさん14□《の》んだ。

☐8 村の15□《はたけ》で、きゅうりの16□《は》っぱをはじめて見た。

☐9 水17□《えい》大会の勝者を予18□《そう》する。

☐10 かばんを19□《ひら》いて中身を20□《せい》理した。

本試験《しけん》形式

# 第2回 もぎテスト

目ひょう時間 40分

合かく点 120点

1回目 /150

2回目 /150

かい答は別《べっ》さつ46ページ

## (一) つぎの——線の漢字の読みがなを——線の右に書きなさい。

1×30=30点

点

1 家庭菜《さい》園でトマトを作っている。

2 朝食は軽くすませる。

3 宿題があることをわすれていた。

4 緑色のカーテンをつるす。

5 おなかのぐあいが悪い。

6 草原には牛や羊がいた。

7 家族のしあわせをいのる。

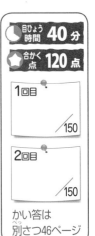

☐ **8** 開会式は明日の九時からだ。

☐ **9** 自転車に乗って出かける。

☐ **10** 太陽がさんさんと照《て》りつける。

☐ **11** 今年の冬は去年より寒い。

☐ **12** 空港行きのバスに乗る。

☐ **13** 来月の予定を手帳に書く。

☐ **14** トラックで木材《ざい》を運ぶ。

☐ **15** 九州地方は梅雨《つゆ》が明けた。

☐ **16** 先のことをあまり心配するな。

☐ **17** 命のふしぎについて考える。

☐ **18** 新しい地下鉄はけっこう深い。

☐ **19** 息を切らせて走る。

☑ 20 人の幸福はそれぞれちがう。

☑ 21 母は薬局で働《はたら》いている。

☑ 22 夏はすずしい図書館ですごす。

☑ 23 ぼくの仕事は朝夕の犬のさんぽだ。

☑ 24 指の先にトゲがささった。

☑ 25 学校の近くの木にかきが実る。

☑ 26 詩集をプレゼントする。

☑ 27 川の流れがとても速くなった。

☑ 28 人の言葉じりをとらえるな。

☑ 29 目の病気について調べる。

☑ 30 本は目次を見てから買う。

## (二)

つぎの漢字の**太いところ**は、**何番め**に書きますか。○の中に**数字**を書きなさい。

1×10=10点

点

1 院 ○

2 都 ○

3 勉 ○

4 祭 ○

5 帳 ○

6 歯 ○

7 配 ○

8 医 ○

9 泳 ○

10 有 ○

## (三)

（　）の中に**漢字**を書いて、上と**はんたいのいみのことば**にしなさい。

2×5=10点

点

1 落とす—（ひろ）う

2 長い—（みじか）い

3 寒い—（あつ）い

4 部分—（ぜん）部

5 始まる—（お）わる

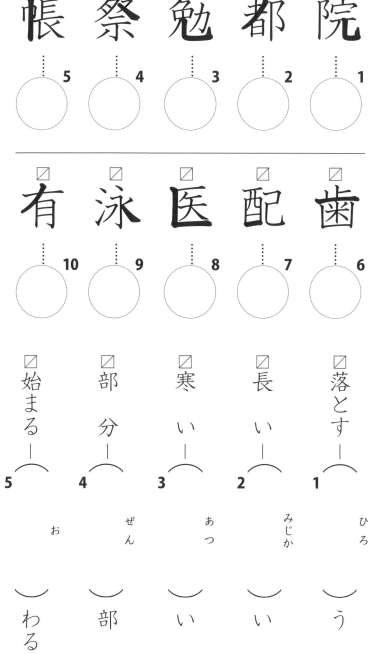

## (四) おなじなかまの漢字を□の中に書きなさい。

2×10=20点

点

- かねへん（金）……1 □《ぎん》行・2 □《てつ》道
- はつがしら（癶）……出 3 □《ぱつ》・4 □《と》山
- ぼくづくり《のぶん》（攵）……5 □《ととの》える・6 □《ほう》送
- うかんむり（宀）……7 □《あん》心・8 □《きゃく》船
- くさかんむり（艹）……9 □《に》物・10 □《お》ちる

## (五) つぎの（　）の中に漢字を書きなさい。

2×10=20点

点

1 一分は六十（　）《びょう》だ。
2 （　）《びょう》気はよくなった。
3 写（　）《しん》をアルバムにはる。
4 （　）《しん》長が高い。
5 体（　）《じゅう》がふえた。
6 （　）《じゅう》民《みん》があつまる。
7 ラフな（　）《ふく》で買い物に出かける。
8 店の（　）《ふく》引きで一等を引く。
9 夕食は（　）《しょう》化のよい食べ物を選《えら》ぶ。
10 明日の（　）《しょう》負は負けられない。

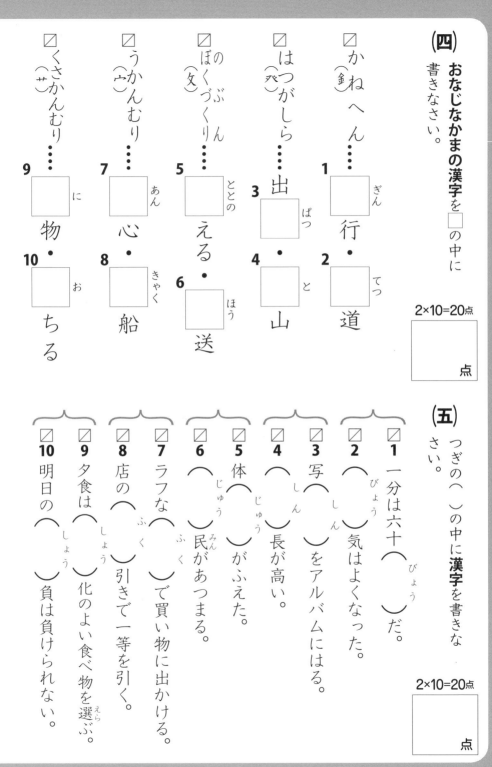

## (六)

つぎの――線の**カタカナ**を○の中の**漢字と送りがな(ひらがな)**で□の中に書きなさい。

2×5=10点

点

〈れい〉 (小) **チイサイ**鳥を見た。 [小さい]

1 (悲) テレビの**カナシイ**場面でなみだが出た。 [　　]

2 (短) 犬が**ミジカイ**木のえだをくわえた。 [　　]

3 (定) **サダメラレタ**交通ルールを守る。 [　　]

4 (曲) 色紙をおり**マゲテ**つるを作る。 [　　]

5 (仕) かれは長年、主君に**ツカエタ**。 [　　]

## (七)

つぎの――線の**漢字**の**読みがな**を――線の**右**に書きなさい。

1×10=10点

点

1 ソフトボールの練習をする。

2 休日の旅行の計画を練る。

3 黒板の文字を消す。

4 板でテーブルをつくる。

5 有名な鉄橋をわたる。

6 春には新しい橋がかかる。

7 緑の多い土地に住みたい。

8 来月から住所が変《か》わる。

9 クラスの代表として説《せつ》明する。

10 きれいな千代紙がある。

## (八) つぎの□の中に**漢字**を書きなさい。

2×20=40点

点

1 **1** □《みずうみ》のまわりをゆっくり自 **2** □《てん》車で走る。

2 川の向こう **3** □《ぎし》まで **4** □《およ》いでわたった。

3 次の体 **5** □《いく》は校 **6** □《てい》でのサッカーだ。

☐ 4 今日は気 **7** □《おん》が高かったので、**8** 道□《ろ》に水をまいた。

☐ 5 **9** □《じん》社のお **10** □《まつ》りに家族で出かけた。

☐ 6 お **11** □《きゃく》のために食事が用 **12** □《い》された。

☐ 7 **13** □《ひつじ》たちが小屋の **14** □《よこ》にかたまっている。

☐ 8 **15** □《りょう》手をけがしたので病 **16** □《いん》に行った。

☐ 9 この問 **17** □《だい》は全 **18** □《いん》がまちがった。

☐ 10 **19** □《すみ》火を **20** □《つか》って魚をやく。

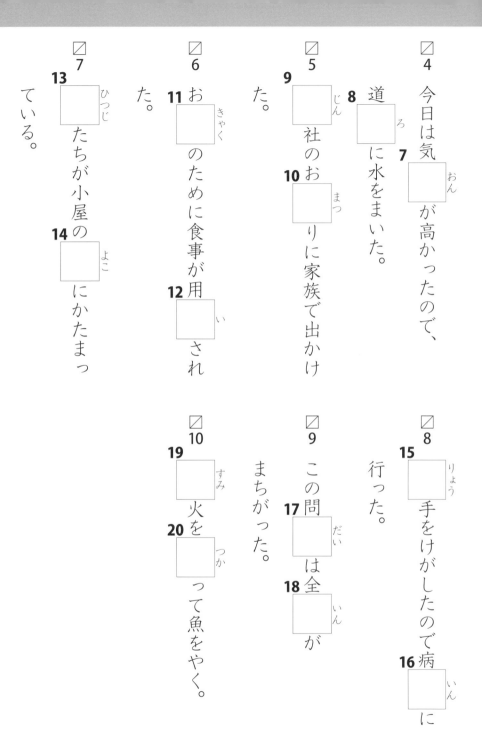

## 本試験《しけん》形式

# 第3回 もぎテスト

目ひょう時間 40分
合かく点 120点

1回目 /150

2回目 /150

かい答は別《べっ》さつ47ページ

### (一) つぎの――線の**漢字**の**読みがな**を――線の**右**に書きなさい。

1×30=30点

点

□ **1** おし入れを整理する。

□ **2** 大雨のせいで橋が流れそうだ。

□ **3** 部屋の明かりをつける。

□ **4** 台風で電柱もたおれた。

□ **5** もらった薬の成《せい》分を調べる。

□ **6** 今年は去年よりお年玉が多かった。

□ **7** アサガオの様子を観察《かんさつ》する。

☐ **8** みんなでお宮まいりに行く。

☐ **9** サッカーの道具を手入れする。

☐ **10** 黒板の文字を書き写す。

☐ **11** 根気よくまどガラスをみがく。

☐ **12** みんなで作業すると早く終わる。

☐ **13** 庭の植木に水やりをする。

☐ **14** 遠足では自由時間が楽しみだ。

☐ **15** 温室の中はまるで春のようだ。

☐ **16** 夏休みの予定表を作る。

☐ **17** 大きな箱に本を入れる。

☐ **18** 夕方おそくまで練習する。

☐ **19** 地球上にたくさんの生物がいる。

☑ 20 今年の夏も暑い らしい。

☑ 21 文章を書くのが好《す》きだ。

☑ 22 妹はお化けをこわがった。

☑ 23 兄と夏祭りに行った。

☑ 24 神様にお願《ねが》いをする。

☑ 25 大きな公園の広場で遊ぶ。

☑ 26 暗算で品物の合計を出す。

☑ 27 筆箱とノートを新しく買う。

☑ 28 家族で北海道へ旅行に行った。

☑ 29 日本列島は雲におおわれている。

☑ 30 手のひらをこすって温める。

## （二）

つぎの漢字の**太いところ**は、**何番め**に書きますか。○の中に**数字**を書きなさい。

1×10=10点　　点

1 主　○
2 写　○
3 鼻　○
4 球　○
5 州　○
6 童　○
7 酒　○
8 鉄　○
9 幸　○
10 式　○

## （三）

（　）の中に**漢字**を書いて、上と**はんたいのいみのことば**にしなさい。

2×5=10点　　点

1 うれしい－（　）《かな》しい
2 ちらばる－（　）《あつ》まる
3 かた方－（　）《りょう》方
4 止まる－（　）《すす》む
5 さんせい－反（　）《たい》

## （四）おなじなかまの漢字を□の中に書きなさい。

2×10＝20点

点

こころ（心）……1 □《わる》口・2 □《きゅう》用

くるまへん（車）……3 □《かる》い・自4 □《てん》車

てへん（扌）……石5 □《ひろ》い・親6 □《ゆび》

にんべん（亻）……7 □《た》人・時8 □《だい》

しんにょう しんにゅう（辶）……9 □《そく》度・行10 □《しん》

## （五）つぎの（　）の中に漢字を書きなさい。

2×10＝20点

点

**1** 読書感（　《そう》）文をてい出する。

**2** 校外学習のテーマを（　《そう》）談する。

**3** あしたは運（　《どう》）会だ。

**4** （　《どう》）話を読み聞かせる。

**5** （　《よう》）服は明るい色を好《この》む。

**6** 畑の（　《よう》）子を見に行く。

**7** 父は草野（　《きゅう》）をしている。

**8** ワクチンの研（　《きゅう》）所がある。

**9** 富士山《ふじさん》は世界でも（　《ゆう》）名な山だ。

**10** ケンカの理（　《ゆう》）を話しなさい。

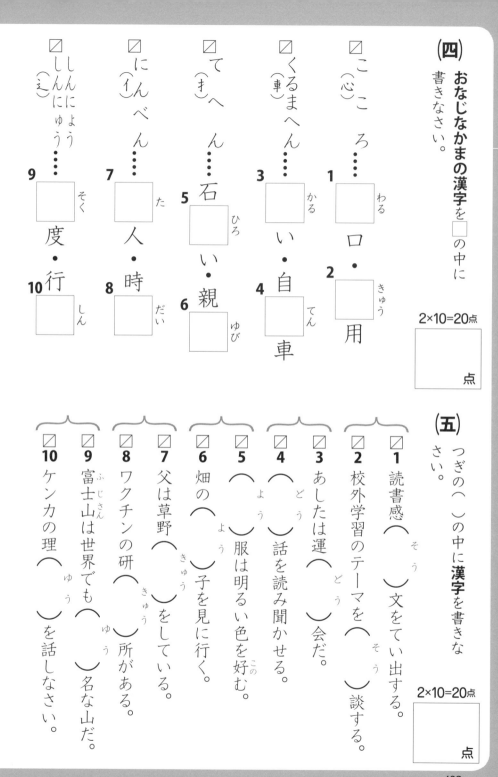

## （六）

つぎの――線の**カタカナ**を○の中の**漢字と送りがな（ひらがな）**で□の中に書きなさい。

2×5=10点　□点

〈れい〉(小)**チイサイ**鳥を見た。　［小さい］

☐ 1 (流) 川がゆったりと**ナガレル**。［　　］

☐ 2 (平) おかの上は**ヒラタク**なっている。［　　］

☐ 3 (育) 朝顔が大きく**ソダツ**。［　　］

☐ 4 (注) コップに水を**ソソグ**。［　　］

☐ 5 (実) 努《ど》力が**ミノル**ようにがんばる。［　　］

## （七）

つぎの――線の**漢字**の**読みがな**を――線の**右**に書きなさい。

1×10=10点　□点

☐ 1 食べすぎて調子が悪い。

☐ 2 図書館で調べものをする。

☐ 3 校内放送が流れる。

☐ 4 サケのち魚を川に放す。

5 マラソン大会で一着になった。

6 もうバスが着く時間だ。

7 色よい返事がもらえない。

8 かりていた本を返す。

9 台風が近づいて波が高い。

10 新しい電波時計を買った。

## （八） つぎの□の中に**漢字**を書きなさい。

2×20=40点

点

1 今年の家 1 □《ぞく》 2 □《りょ》 行は海外だ。

2 今夜の食 3 □《じ》 は海 4 □《がん》 でバーベキューだ。

3 5 □《さか》 道の上にある歯 6 □《い》 者に通っている。

☐ 4 道 7 □《ろ》は太 8 □《よう》の熱《ねっ》で今にもとけそうだ。

☐ 5 日本は世 9 □《かい》一安 10 □《ぜん》な国といわれる。

☐ 6 堂々《どうどう》と 11 □《はん》対意見を発 12 □《ぴょう》する。

☐ 7 ベストセラーが文 13 □《こ》本になっておおいに 14 □《たす》かる。

☐ 8 15 □《ゆ》上がりにパジャマを 16 □《き》る。

☐ 9 先生の 17 □《ゆび》はとても 18 □《うつく》しい。

☐ 10 19 □《さむ》くなってかぜをひいて 20 □《はな》水が出た。

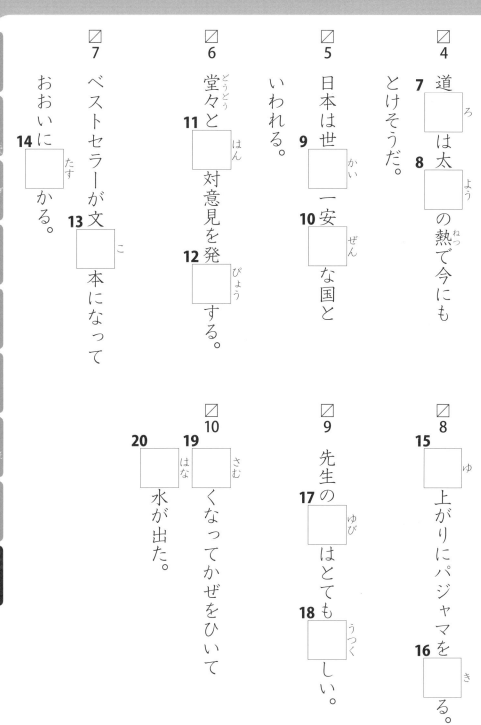

本書記載の情報は制作時点のものです。受検をお考えの方は、必ずご自身で下記の公益財団法人 日本漢字能力検定協会の発表する最新情報をご確認ください。


公益財団法人 日本漢字能力検定協会

【ホームページ】https://www.kanken.or.jp/

＜本部＞ 京都市東山区祇園町南側 551 番地

TEL : (075) 757－8600 FAX : (075) 532－1110

＜東京事務局＞ 東京都千代田区大手町 2-1-1 大手町野村ビル

TEL : (03) 5205－0333 FAX : (03) 5205－0331


◆「漢検」「漢字検定」は公益財団法人 日本漢字能力検定協会の登録商標です。

本書に関する正誤等の最新情報は、下記のアドレスでご確認ください。
http://www.seibidoshuppan.co.jp/info/hkanken8-2011

◉ 上記アドレスに掲載されていない箇所で、正誤についてお気づきの場合は、書名・質問事項・氏名・住所（またはFAX番号）を明記の上、**成美堂出版**まで**郵送**または**FAX**でお問い合わせください。**お電話でのお問い合わせはお受けできません。**

◉ 内容によってはご質問をいただいてから回答を発送するまでお時間をいただくこともございます。

◉ 本書の内容を超える質問等にはお答えできませんので、あらかじめご了承ください。

よくあるお問い合わせ

**Q** **持っている辞書に掲載されている部首と、本書に掲載されている部首が違いますが、どちらが正解でしょうか？**

**A** 辞書によっては、部首としているものが異なることがあります。**漢検の採点基準では、「漢検要覧 2～10 級対応 改訂版」（日本漢字能力検定協会発行）で示しているものを正解としています**ので、本書もこの基準に従っています。そのためお持ちの辞書と部首が異なることがあります。


■ 本文デザイン：HOPBOX（福井信明）
■ 本文イラスト：黒はむ
■ 編 集 協 力：knowm

頻出度順 漢字検定８級問題集

編 著 成美堂出版編集部

発行者 深見公子

発行所 成美堂出版

〒162-8445 東京都新宿区新小川町 1-7

電話(03)5206-8151 FAX(03)5206-8159

印 刷 大盛印刷株式会社





ISBN978-4-415-23209-6

落丁･乱丁などの不良本はお取り替えします

定価はカバーに表示してあります

頻出度順 漢字検定８級問題集

別《べっ》さつ

# 漢字検定 8級

# 合格ブック

暗記に役立つ！

- 絶《ぜっ》対覚《おぼ》える 8級配当漢字表
- 資料 重要な じゅく字訓《くん》・当て字
- 頻《ひん》出度Aランク問題 かい答・かい説
- 頻《ひん》出度Bランク問題 かい答・かい説
- 頻《ひん》出度Cランク問題 かい答・かい説
- もぎテスト かい答

成美堂出版

← 矢印の方向に引くと、取り外せます。

# 絶《ぜっ》対覚《おぼ》える 8級配当漢字表 200字

漢字検定8級で出題される漢字です。これは、小学校三年生で習う漢字で、200字あります。漢字の正しいかたち、音読み、訓《くん》読み、部首、書き順《じゅん》などを、しっかりとおぼえましょう。

（　）がついた読みは、4級以上《いじょう》の上級に出る読み方で、8級には出題されません。㊥は中学校で学習する読みで4級以上、㊫は高等学校で学習する読みで準2級以上で出題されます。

- 画数：11
- 五十音順です：ア
- 漢字：悪
- 読み：［アク］（オ）㊫［わるい］
  - カタカナは音読み
  - ひらがなは訓《くん》読み
  - 黒字はおくりがな
  - （　）㊫は高校で学習する読み
  - （　）㊥は中学校で学習する読み
- 部首と部首名：心 こころ
- 用例：悪人《あくにん》・悪友《あくゆう》 悪《わる》がしこい
- 書き順《じゅん》：悪悪悪悪悪悪悪悪悪悪悪

| 漢字 | 画数 | 五十音 | 読み | 部首 | 部首名 | 用例 | 書き順 |
|---|---|---|---|---|---|---|---|
| 悪 | 11 | ア | ［アク］（オ）㊫［わるい］ | 心 | こころ | 悪人《あくにん》・悪友《あくゆう》 悪《わる》がしこい | 悪悪悪悪悪悪悪悪悪悪悪 |
| 安 | 6 | | ［アン］［やすい］ | 宀 | うかんむり | 安心《あんしん》・安全《あんぜん》 安売《やすう》り・安物《やすもの》 | 安安安安安安 |
| 暗 | 13 | | ［アン］［くらい］ | 日 | ひへん | 暗記《あんき》・暗算《あんざん》 暗《くら》がり・真《ま》っ暗《くら》 | 暗暗暗暗暗暗暗暗暗暗暗暗暗 |
| 医 | 7 | イ | ［イ］ | 匚 | かくしがまえ | 医者《いしゃ》・医院《いいん》 医学《いがく》・名医《めいい》 | 医医医医医医医 |
| 委 | 8 | | ［イ］［ゆだねる］ | 女 | おんな | 委員会《いいんかい》 学級委員《がっきゅういいん》 | 委委委委委委委委 |

## 意
13
[イ]
心 こころ
意見《いけん》・意味《いみ》
注意《ちゅうい》・用意《ようい》

## 育
8
[イク]
[そだつ]
[そだてる]
[はぐくむ]
肉 にく
体育《たいいく》
子《こ》が育《そだ》つ

## 員
10
[イン]
口 くち
委員《いいん》・役員《やくいん》
駅員《えきいん》・定員《ていいん》

## 院
10
[イン]
阝 こざとへん
病院《びょういん》・医院《いいん》
入院《にゅういん》・寺院《じいん》

## 飲
12
[イン]
[のむ]
𩙿 しょくへん
飲食《いんしょく》・飲用《いんよう》
湯飲《ゆの》み・飲《の》み物《もの》

## 運
12 ウ
[ウン]
[はこぶ]
辶 しんにょう しんにゅう
運転《うんてん》・幸運《こううん》
持《も》ち運《はこ》び

## 泳
8 エ
[エイ]
[およぐ]
氵 さんずい
水泳《すいえい》・遊泳《ゆうえい》
平泳《ひらおよ》ぎ

## 駅
14
[エキ]
馬 うまへん
駅員《えきいん》・駅前《えきまえ》
終着駅《しゅうちゃくえき》

## 央
5 オ
[オウ]
大 だい
中央《ちゅうおう》・中央口《ちゅうおうぐち》

## 横
15
[オウ]
[よこ]
木 きへん
横着《おうちゃく》・横《おう》だん
横顔《よこがお》・横書《よこが》き

カ

| 漢字 | 画数 | 読み | 部首 | 用例 | 筆順 |
|---|---|---|---|---|---|
| 屋 | 9 | ［オク］［や］ | 尸 かばね しかばね | 屋上《おくじょう》・屋根《やね》 小屋《こや》・屋台《やたい》 | 屋屋屋屋屋屋屋屋屋 |
| 温 | 12 | ［オン］［あたたかい］［あたたまる］［あたためる］ | 氵 さんずい | 体温《たいおん》・温水《おんすい》 温《あたた》かい心《こころ》 | 温温温温温温温温温温温温 |
| 化 | 4 | ［カ］（ケ）㊥［ばける］［ばかす］ | 匕 ひ | 文化《ぶんか》・化石《かせき》 お化《ば》け | 化化化化 |
| 荷 | 10 | （カ）㊥［に］ | 艹 くさかんむり | 荷物《にもつ》・荷台《にだい》 重荷《おもに》・荷馬車《にばしゃ》 | 荷荷荷荷荷荷荷荷荷荷 |
| 界 | 9 | ［カイ］ | 田 た | 世界《せかい》・下界《げかい》 銀世界《ぎんせかい》 | 界界界界界界界界界 |
| 開 | 12 | ［カイ］［ひらく］［ひらける］［あ（く）］［あける］ | 門 もんがまえ | 開始《かいし》・開会式《かいかいしき》 山開《やまびら》き | 開開開開開開開開開開開開 |
| 階 | 12 | ［カイ］ | 阝 こざとへん | 階《かい》だん・階級《かいきゅう》 五階《ごかい》 | 階階階階階階階階階階階階 |
| 寒 | 12 | ［カン］［さむい］ | 宀 うかんむり | 寒気《かんき》・大寒《だいかん》 寒空《さむぞら》 | 寒寒寒寒寒寒寒寒寒寒寒寒 |
| 感 | 13 | ［カン］ | 心 こころ | 感動《かんどう》・同感《どうかん》 感想文《かんそうぶん》・感《かん》じる | 感感感感感感感感感感感感感 |
| 漢 | 13 | ［カン］ | 氵 さんずい | 漢字《かんじ》・漢方薬《かんぽうやく》 悪漢《あっかん》 | 漢漢漢漢漢漢漢漢漢漢漢漢漢 |

キ

## 館 16

[カン] [やかた]

部首：飠（しょくへん）

旅館《りょかん》・体育館《たいいくかん》
水族館《すいぞくかん》

館館館館館館館館館館館館館館館館

## 岸 8

[ガン] [きし]

部首：山（やま）

海岸《かいがん》・両岸《りょうがん》
川岸《かわぎし》・岸《きし》べ

岸岸岸岸岸岸岸岸

## 起 10

[キ] [おきる] [おこる] [おこす]

部首：走（そうにょう）

起立《きりつ》・起点《きてん》
早起《はやお》き

起起起起起起起起起起

## 期 12

[キ] (ゴ)㊢

部首：月（つき）

期待《きたい》・時期《じき》
新学期《しんがっき》

期期期期期期期期期期期期

## 客 9

[キャク] (カク)㊥

部首：宀（うかんむり）

乗客《じょうきゃく》・客間《きゃくま》
客船《きゃくせん》・客用《きゃくよう》

客客客客客客客客客

## 究 7

[キュウ] (きわめる)㊥

部首：穴（あなかんむり）

究明《きゅうめい》・研究《けんきゅう》
追究《ついきゅう》

究究究究究究究

## 急 9

[キュウ] [いそぐ]

部首：心（こころ）

急用《きゅうよう》・急行《きゅうこう》
大急《おおいそ》ぎ

急急急急急急急急急

## 級 9

[キュウ]

部首：糸（いとへん）

学級《がっきゅう》・同級生《どうきゅうせい》
高級《こうきゅう》・級友《きゅうゆう》

級級級級級級級級級

## 宮 10

[キュウ] (グウ)㊥ (ク)㊢ [みや]

部首：宀（うかんむり）

宮中《きゅうちゅう》
お宮《みや》まいり

宮宮宮宮宮宮宮宮宮宮

## 球 11

[キュウ] [たま]

部首：王（おうへん たまへん）

球場《きゅうじょう》・地球《ちきゅう》
球拾《たまひろ》い

球球球球球球球球球球球

| 画数 | 漢字 | 読み | 部首 | 用例 |
| --- | --- | --- | --- | --- |
| 5 | 去 | ［キョ］［コ］［さる］ | ム（む） | 去年《きょねん》・死去《しきょ》 人《ひと》が去《さ》る |
| 16 | 橋 | ［キョウ］［はし］ | 木（きへん） | 鉄橋《てっきょう》・歩道橋《ほどうきょう》 つり橋《ばし》・石橋《いしばし》 |
| 13 | 業 | ［ギョウ］（ゴウ）高 （わざ）中 | 木（き） | 作業《さぎょう》・始業式《しぎょうしき》 事業《じぎょう》・農作業《のうさぎょう》 |
| 6 | 曲 | ［キョク］［まがる］［まげる］ | 曰（ひらび いわく） | 作曲《さっきょく》・行進曲《こうしんきょく》 曲《ま》がり角《かど》 |
| 7 | 局 | ［キョク］ | 尸（かばね しかばね） | 局所《きょくしょ》・電話局《でんわきょく》 薬局《やっきょく》 |
| 14 | 銀 | ［ギン］ | 金（かねへん） | 銀行《ぎんこう》・銀世界《ぎんせかい》 銀色《ぎんいろ》・白銀《はくぎん》 |
| 4 | 区（ク） | ［ク］ | 匸（かくしがまえ） | 地区《ちく》・区間《くかん》 校区《こうく》・区役所《くやくしょ》 |
| 8 | 苦 | ［ク］［くるしい］［くるしむ］［くるしめる］［にがい］［にがる］ | 艹（くさかんむり） | 苦心《くしん》・病苦《びょうく》 苦《くる》しむ・苦手《にがて》 |
| 8 | 具 | ［グ］ | 八（は） | 家具《かぐ》・用具《ようぐ》 絵《え》の具《ぐ》・具合《ぐあい》 |
| 7 | 君 | ［クン］［きみ］ | 口（くち） | 君主《くんしゅ》・父君《ちちぎみ》 君《きみ》たち |

ケ

## 係
9

[ケイ] [かかる] [かかり]

イ　にんべん

係数《けいすう》・かん係《けい》
図書係《としょがかり》

## 軽
12

[ケイ] [かるい] (かろやか)㊥

車　くるまへん

軽油《けいゆ》・軽工業《けいこうぎょう》
軽石《かるいし》

## 血
6

[ケツ] [ち]

血　ち

血色《けっしょく》・出血《しゅっけつ》
鼻血《はなぢ》

## 決
7

[ケツ] [きめる] [きまる]

氵　さんずい

決定《けってい》・決行《けっこう》
決《き》め手《て》

## 研
9

[ケン] (とぐ)㊥

石　いしへん

研究《けんきゅう》・研究会《けんきゅうかい》

## 県
9

[ケン]

目　め

県道《けんどう》・県立《けんりつ》
青森県《あおもりけん》

コ

## 庫
10

[コ] (ク)㊫

广　まだれ

車庫《しゃこ》・文庫《ぶんこ》
金庫《きんこ》・そう庫《こ》

## 湖
12

[コ] [みずうみ]

氵　さんずい

湖上《こじょう》・湖面《こめん》
森《もり》の湖《みずうみ》

## 向
6

[コウ] [むく] [むける] [むかう] [むこう]

口　くち

方向《ほうこう》・向上《こうじょう》
横向《よこむ》き

## 幸
8

[コウ] [さいわい] [しあわせ] (さち)㊥

干　いちじゅう かん

幸福《こうふく》・幸運《こううん》
幸《しあわ》せな時《とき》

| | | | | | |
|---|---|---|---|---|---|
| 画数 | 漢字 | 読み | 部首 | 用例 | 筆順 |
| 12 | 港 | ［コウ］［みなと］ | 氵 さんずい | 港内《こうない》・空港《くうこう》 港町《みなとまち》 | 港港港港港港港港港港港港 |
| 5 | 号 | ［ゴウ］ | 口 くち | 番号《ばんごう》・しん号《ごう》 記号《きごう》・号《ごう》れい | 号号号号号 |
| 10 | 根 | ［コン］［ね］ | 木 きへん | 大根《だいこん》・根気《こんき》 屋根《やね》・根元《ねもと》 | 根根根根根根根根根根 |
| 11 (サ) | 祭 | ［サイ］［まつる］［まつり］ | 示 しめす | 文化祭《ぶんかさい》・祭日《さいじつ》 雪祭《ゆきまつ》り | 祭祭祭祭祭祭祭祭祭祭祭 |
| 5 | 皿 | ［さら］ | 皿 さら | 皿回《さらまわ》し・小皿《こざら》 絵皿《えざら》 | 皿皿皿皿皿 |
| 5 (シ) | 仕 | ［シ］（ジ）(高)［つかえる］ | 亻 にんべん | 仕事《しごと》・仕組《しく》み 宮仕《みやづか》え | 仕仕仕仕仕 |
| 6 | 死 | ［シ］［しぬ］ | 歹 かばねへん いちたへん がつへん | 死人《しにん》・死体《したい》 犬《いぬ》が死《し》ぬ | 死死死死死死 |
| 8 | 使 | ［シ］［つかう］ | 亻 にんべん | 使用《しよう》・天使《てんし》 使《つか》い道《みち》 | 使使使使使使使使 |
| 8 | 始 | ［シ］［はじめる］［はじまる］ | 女 おんなへん | 開始《かいし》・始業式《しぎょうしき》 手始《てはじ》め | 始始始始始始始始 |
| 9 | 指 | ［シ］［ゆび］［さす］ | 扌 てへん | 指名《しめい》・指先《ゆびさき》 目指《めざ》す | 指指指指指指指指指 |

| 画数 | 漢字 | 読み | 部首 | 用例 |
|---|---|---|---|---|
| 12 | 歯 | [シ] [は] | 歯 は | 歯車《はぐるま》・歯形《はがた》 歯科《しか》・虫歯《むしば》 |
| 13 | 詩 | [シ] | 言 ごんべん | 詩人《しじん》・詩集《ししゅう》 作詩《さくし》 |
| 6 | 次 | [ジ] (シ)㊥ [つぐ] [つぎ] | 欠 あくび かける | 次回《じかい》・目次《もくじ》 取次所《とりつぎじょ》 |
| 8 | 事 | [ジ] (ズ)㊧ [こと] | 亅 はねぼう | 返事《へんじ》・仕事《しごと》 行事《ぎょうじ》・山火事《やまかじ》 |
| 9 | 持 | [ジ] [もつ] | 扌 てへん | 所持《しょじ》・持病《じびょう》 気持《きも》ち |

| 画数 | 漢字 | 読み | 部首 | 用例 |
|---|---|---|---|---|
| 6 | 式 | [シキ] | 弋 しきがまえ | 正式《せいしき》・式場《しきじょう》 開会式《かいかいしき》 |
| 8 | 実 | [ジツ] [み] [みのる] | 宀 うかんむり | 実力《じつりょく》・実行《じっこう》 木《き》の実《み》・実《み》り |
| 5 | 写 | [シャ] [うつす] [うつる] | 冖 わかんむり | 写真《しゃしん》・写生《しゃせい》 大写《おおうつ》し |
| 8 | 者 | [シャ] [もの] | 耂 おいかんむり おいがしら | 医者《いしゃ》・作者《さくしゃ》 人気者《にんきもの》 |
| 5 | 主 | [シュ] (ス)㊧ [ぬし] [おも] | 丶 てん | 主役《しゅやく》・主人《しゅじん》 落《お》とし主《ぬし》 |

| | | | | | |
|---|---|---|---|---|---|
| 6 | 守 | [シュ] [ス] [まもる] (もり)㊥ | 宀 うかんむり | 死守《ししゅ》・お守《まも》り 見守《みまも》る | 守守守守守守 |
| 8 | 取 | [シュ] [とる] | 又 また | 先取点《せんしゅてん》 受《う》け取《と》る | 取取取取取取取取 |
| 10 | 酒 | [シュ] [さけ] [さか] | 酉 ひよみのとり | 洋酒《ようしゅ》・白酒《しろざけ》 酒屋《さかや》 | 酒酒酒酒酒酒酒酒酒酒 |
| 8 | 受 | [ジュ] [うける] [うかる] | 又 また | 受理《じゅり》・感受《かんじゅ》 受《う》け取《と》り | 受受受受受受受受 |
| 6 | 州 | [シュウ] (す)㊥ | 川 かわ | 本州《ほんしゅう》・九州《きゅうしゅう》 | 州州州州州州 |
| 9 | 拾 | (シュウ)㊥ (ジュウ)㊥ [ひろう] | 扌 てへん | 命拾《いのちびろ》い 貝《かい》がらを拾《ひろ》う | 拾拾拾拾拾拾拾拾拾 |
| 11 | 終 | [シュウ] [おわる] [おえる] | 糸 いとへん | 終点《しゅうてん》・終業式《しゅうぎょうしき》 終《お》わり | 終終終終終終終終終終終 |
| 11 | 習 | [シュウ] [ならう] | 羽 はね | 練習《れんしゅう》・習字《しゅうじ》 見習《みなら》い | 習習習習習習習習習習習 |
| 12 | 集 | [シュウ] [あつまる] [あつめる] (つどう)㊥ | 隹 ふるとり | 集合《しゅうごう》・詩集《ししゅう》 人集《ひとあつ》め | 集集集集集集集集集集集集 |
| 7 | 住 | [ジュウ] [すむ] [すまう] | 亻 にんべん | 住所《じゅうしょ》・住人《じゅうにん》 住《す》まい | 住住住住住住住 |

| 画数 | 漢字 | 読み | 部首 | 用例 |
|---|---|---|---|---|
| 9 | 重 | [ジュウ][チョウ] [おもい] [え] [かさねる] [かさなる] | 里 さと | 重大《じゅうだい》・重《おも》い体《からだ》 重《かさ》ね着《ぎ》 |
| 11 | 宿 | [シュク] [やど] [やどる] [やどす] | 宀 うかんむり | 宿題《しゅくだい》・合宿《がっしゅく》 雨宿《あまやど》り |
| 8 | 所 | [ショ] [ところ] | 戸 と | 場所《ばしょ》・住所《じゅうしょ》 台所《だいどころ》 |
| 12 | 暑 | [ショ] [あつい] | 日 ひ | 暑中《しょちゅう》 暑苦《あつくる》しい |
| 7 | 助 | [ジョ] [たすける] [たすかる] (すけ)㊥ | 力 ちから | 助言《じょげん》・内助《ないじょ》 手助《てだす》け |
| 9 | 昭 | [ショウ] | 日 ひへん | 昭和《しょうわ》 昭和新山《しょうわしんざん》 |
| 10 | 消 | [ショウ] [きえる] [けす] | 氵 さんずい | 消火《しょうか》・消化《しょうか》 火消《ひけ》し |
| 11 | 商 | [ショウ] (あきなう)㊥ | 口 くち | 商店《しょうてん》・商品《しょうひん》 商売《しょうばい》 |
| 11 | 章 | [ショウ] | 立 たつ | 文章《ぶんしょう》・記章《きしょう》 第一章《だいいっしょう》 |
| 12 | 勝 | [ショウ] [かつ] (まさる)㊥ | 力 ちから | 勝負《しょうぶ》・決勝《けっしょう》 勝手《かって》・勝《か》ち気《き》 |

| 画数 | 漢字 | 読み | 部首 | 用例 |
|---|---|---|---|---|
| 9 | 乗 | ［ジョウ］［のる］［のせる］ | ノ（はらいぼう《の》） | 乗客《じょうきゃく》・同乗《どうじょう》／乗《の》り物《もの》 |
| 12 | 植 | ［ショク］［うえる］［うわる］ | 木（きへん） | 植物《しょくぶつ》・植木《うえき》／田植《たう》え |
| 5 | 申 | （シン）中［もうす］ | 田（た） | 申《もう》し分《ぶん》／申《もう》し出《で》 |
| 7 | 身 | ［シン］［み］ | 身（み） | 身長《しんちょう》・全身《ぜんしん》／中身《なかみ》・身《み》なり |
| 9 | 神 | ［シン］［ジン］［かみ］（かん）中（こう）高 | 礻（しめすへん） | 神話《しんわ》・神社《じんじゃ》／神様《かみさま》 |

| 画数 | 漢字 | 読み | 部首 | 用例 |
|---|---|---|---|---|
| 10 | 真 | ［シン］［ま］ | 目（め） | 写真《しゃしん》・真理《しんり》／真《ま》っ暗《くら》 |
| 11 | 深 | ［シン］［ふかい］［ふかまる］［ふかめる］ | 氵（さんずい） | 深夜《しんや》・深海《しんかい》／根深《ねぶか》い |
| 11 | 進 | ［シン］［すすむ］［すすめる］ | 辶（しんにょう・しんにゅう） | 進路《しんろ》・前進《ぜんしん》／前《まえ》へ進《すす》む |
| 5 セ | 世 | ［セイ］［セ］［よ］ | 一（いち） | 世話《せわ》・世界一《せかいいち》／世《よ》の中《なか》 |
| 16 | 整 | ［セイ］［ととのえる］［ととのう］ | 攵（のぶん・ぼくづくり） | 整理《せいり》・整列《せいれつ》／気《き》を整《ととの》える |

| 画数 | 漢字 | 読み | 部首 | 用例 | 筆順 |
|---|---|---|---|---|---|
| 8 | 昔 | (シャク)中 (セキ)高 [むかし] | 日 ひ | 昔話《むかしばなし》・大昔《おおむかし》 | 昔昔昔昔昔昔昔昔 |
| 6 | 全 | [ゼン] [まったく] [すべて] | 入 いる | 安全《あんぜん》・全力《ぜんりょく》 全員《ぜんいん》・全身《ぜんしん》 | 全全全全全全 |
| 9 | ソ 相 | [ソウ] (ショウ)中 [あい] | 目 め | 相談《そうだん》・人相《にんそう》 相手《あいて》 | 相相相相相相相相相 |
| 9 | 送 | [ソウ] [おくる] | 辶 しんにょう しんにゅう | 放送《ほうそう》・送金《そうきん》 見送《みおく》り | 送送送送送送送送送 |
| 13 | 想 | [ソウ] (ソ)高 | 心 こころ | 予想《よそう》・空想《くうそう》 感想文《かんそうぶん》 | 想想想想想想想想想想想想想 |
| 10 | 息 | [ソク] [いき] | 心 こころ | 安息《あんそく》・休息《きゅうそく》 息切《いきぎ》れ | 息息息息息息息息息息 |
| 10 | 速 | [ソク] [はやい] [はやめる] [はやまる] (すみやか)中 | 辶 しんにょう しんにゅう | 速度《そくど》・高速《こうそく》 足《あし》が速《はや》い | 速速速速速速速速速速 |
| 11 | 族 | [ゾク] | 方 ほうへん かたへん | 家族《かぞく》・一族《いちぞく》 水族館《すいぞくかん》 | 族族族族族族族族族族族 |
| 5 | タ 他 | [タ] [ほか] | 亻 にんべん | 他人《たにん》・他校《たこう》 自他《じた》 | 他他他他他 |
| 5 | 打 | [ダ] [うつ] | 扌 てへん | 打者《だしゃ》・打球《だきゅう》 火打《ひう》ち石《いし》 | 打打打打打 |

| 画数 | 漢字 | 読み | 部首 | 用例 | 筆順 |
|---|---|---|---|---|---|
| 7 | 対 | [タイ] (ツイ)㊥ | 寸 すん | 反対《はんたい》・対立《たいりつ》 対《たい》する | 対対対対対対対 |
| 9 | 待 | [タイ] [まつ] | 彳 ぎょうにんべん | 期待《きたい》・待合室《まちあいしつ》 | 待待待待待待待待待 |
| 5 | 代 | [ダイ] [タイ] [かわる] [かえる] [よ] (しろ)㊥ | 亻 にんべん | 時代《じだい》・千代紙《ちよがみ》 人《ひと》が代《か》わる | 代代代代代 |
| 11 | 第 | [ダイ] | ⺮ たけかんむり | 第一回《だいいっかい》・落第《らくだい》 | 第第第第第第第第第第第 |
| 18 | 題 | [ダイ] | 頁 おおがい | 問題《もんだい》・話題《わだい》 題名《だいめい》・宿題《しゅくだい》 | 題題題題題題題題題題題題題題題題題題 |
| 9 | 炭 | [タン] [すみ] | 火 ひ | 木炭《もくたん》・石炭《せきたん》 炭火《すみび》 | 炭炭炭炭炭炭炭炭炭 |
| 12 | 短 | [タン] [みじかい] | 矢 やへん | 短所《たんしょ》・短時間《たんじかん》 手短《てみじか》 | 短短短短短短短短短短短短 |
| 15 | 談 | [ダン] | 言 ごんべん | 談話《だんわ》・相談《そうだん》 美談《びだん》 | 談談談談談談談談談談談談談談談 |
| 12 チ | 着 | [チャク] (ジャク)㊒ [きる] [きせる] [つく] [つける] | 羊 ひつじ | 着地《ちゃくち》・水着《みずぎ》 駅《えき》に着《つ》く | 着着着着着着着着着着着着 |
| 8 | 注 | [チュウ] [そそぐ] | 氵 さんずい | 注意《ちゅうい》・注目《ちゅうもく》 力《ちから》を注《そそ》ぐ | 注注注注注注注注 |

## 柱

9

［チュウ］［はしら］

木　きへん

電柱《でんちゅう》・門柱《もんちゅう》
柱時計《はしらどけい》

## 丁

2

［チョウ］（テイ）㊥

一　いち

一丁《いっちょう》・落丁《らくちょう》
丁目《ちょうめ》

## 帳

11

［チョウ］

巾　はばへん　きんべん

通帳《つうちょう》・手帳《てちょう》
地図帳《ちずちょう》

## 調

15

［チョウ］［しらべる］（ととのう）㊥（ととのえる）㊥

言　ごんべん

調子《ちょうし》・体調《たいちょう》
下調《したしら》べ

## ツ

## 追

9

［ツイ］［おう］

辶　しんにょう　しんにゅう

追究《ついきゅう》・追放《ついほう》
追《お》っ手《て》

## テ

## 定

8

［テイ］［ジョウ］［さだめる］［さだまる］（さだか）㊫

宀　うかんむり

予定《よてい》・決定《けってい》
定員《ていいん》・品定《しなさだ》め

## 庭

10

［テイ］［にわ］

广　まだれ

校庭《こうてい》・家庭《かてい》
庭先《にわさき》・中庭《なかにわ》

## 笛

11

［テキ］［ふえ］

⺮　たけかんむり

汽笛《きてき》・口笛《くちぶえ》
草笛《くさぶえ》

## 鉄

13

［テツ］

金　かねへん

鉄道《てつどう》・鉄橋《てっきょう》
地下鉄《ちかてつ》

## 転

11

［テン］［ころがる］［ころげる］［ころがす］［ころぶ］

車　くるまへん

運転《うんてん》・回転《かいてん》
坂《さか》を転《ころ》がる

| 漢字 | 画数 | 読み | 部首 | 用例 |
| --- | --- | --- | --- | --- |
| 都 | 11 | [ト] [ツ] [みやこ] | 阝 おおざと | 都会《とかい》・都市《とし》 都合《つごう》・都落《みやこお》ち |
| 度 | 9 | [ド] (ト)高 (タク)中 (たび)中 | 广 まだれ | 温度《おんど》・速度《そくど》 今度《こんど》・何度《なんど》 |
| 投 | 7 | [トウ] [なげる] | 扌 てへん | 投手《とうしゅ》・投球《とうきゅう》 上手投《うわてな》げ |
| 豆 | 7 | [トウ] [ズ] [まめ] | 豆 まめ | なっ豆《とう》・大豆《だいず》 豆電球《まめでんきゅう》 |
| 島 | 10 | [トウ] [しま] | 山 やま | 半島《はんとう》・列島《れっとう》 島国《しまぐに》 |
| 湯 | 12 | [トウ] [ゆ] | 氵 さんずい | 名湯《めいとう》・湯船《ゆぶね》 湯飲《ゆの》み |
| 登 | 12 | [トウ] [ト] [のぼる] | 癶 はつがしら | 登場《とうじょう》・登山《とざん》 山登《やまのぼ》り |
| 等 | 12 | [トウ] [ひとしい] | ⺮ たけかんむり | 等分《とうぶん》・平等《びょうどう》 一《いち》に等《ひと》しい |
| 動 | 11 | [ドウ] [うごく] [うごかす] | 力 ちから | 活動《かつどう》・運動《うんどう》 身動《みうご》き |
| 童 | 12 | [ドウ] (わらべ)中 | 立 たつ | 童話《どうわ》・童心《どうしん》 学童《がくどう》 |

| 農 | 波 | 配 | 倍 | 箱 |
| --- | --- | --- | --- | --- |
| ノ 13 | ハ 8 | 10 | 10 | 15 |
| [ノウ] | [ハ] [なみ] | [ハイ] [くばる] | [バイ] | [はこ] |
| 辰 しんのたつ | 氵 さんずい | 酉 とりへん | 亻 にんべん | ⺮ たけかんむり |
| 農家《のうか》・農業《のうぎょう》 農作業《のうさぎょう》 | 波動《はどう》・電波《でんぱ》 人波《ひとなみ》 | 配役《はいやく》・心配《しんぱい》 気配《きくば》り | 倍数《ばいすう》・二倍《にばい》 人一倍《ひといちばい》 | 筆箱《ふでばこ》・薬箱《くすりばこ》 本箱《ほんばこ》・とび箱《ばこ》 |

| 畑 | 発 | 反 | 坂 | 板 |
| --- | --- | --- | --- | --- |
| 9 | 9 | 4 | 7 | 8 |
| [はた] [はたけ] | [ハツ] (ホツ)㊥ | [ハン] (タン)㊥ (ホン)㊢ [そる] [そらす] | (ハン)㊢ [さか] | [ハン] [バン] [いた] |
| 田 た | 癶 はつがしら | 又 また | 土 つちへん | 木 きへん |
| 畑作《はたさく》・花畑《はなばたけ》 茶畑《ちゃばたけ》 | 発明《はつめい》・始発《しはつ》 出発《しゅっぱつ》・発見《はっけん》 | 反対《はんたい》・反動《はんどう》 身《み》を反《そ》らす | 坂道《さかみち》・山坂《やまさか》 上《のぼ》り坂《ざか》 | 黒板《こくばん》・画板《がばん》 けいじ板《ばん》 |

## ヒ

| 漢字 | 画数 | 読み | 部首 | 用例 | 筆順 |
|---|---|---|---|---|---|
| 皮 | 5 | ［ヒ］［かわ］ | 皮 けがわ | 表皮《ひょうひ》・皮《ひ》ふ科《か》 毛皮《けがわ》 | 皮皮皮皮皮 |
| 悲 | 12 | ［ヒ］［かなしい］［かなしむ］ | 心 こころ | 悲鳴《ひめい》・悲運《ひうん》 悲《かな》しみ | 悲悲悲悲悲悲悲悲悲悲悲悲 |
| 美 | 9 | ［ビ］［うつくしい］ | 羊 ひつじ | 美《び》じゅつ館《かん》 美《うつく》しい人《ひと》 | 美美美美美美美美美 |
| 鼻 | 14 | （ビ）㊥［はな］ | 鼻 はな | 鼻歌《はなうた》・鼻水《はなみず》 鼻血《はなぢ》・鼻声《はなごえ》 | 鼻鼻鼻鼻鼻鼻鼻鼻鼻鼻鼻鼻鼻鼻 |
| 筆 | 12 | ［ヒツ］［ふで］ | ⺮ たけかんむり | 筆記《ひっき》・筆算《ひっさん》 筆箱《ふでばこ》 | 筆筆筆筆筆筆筆筆筆筆筆筆 |
| 氷 | 5 | ［ヒョウ］［こおり］（ひ）㊤ | 水 みず | 氷山《ひょうざん》・流氷《りゅうひょう》 かき氷《ごおり》 | 氷氷氷氷氷 |
| 表 | 8 | ［ヒョウ］［おもて］［あらわす］［あらわれる］ | 衣 ころも | 表面《ひょうめん》・代表《だいひょう》 表書《おもてが》き | 表表表表表表表表 |
| 秒 | 9 | ［ビョウ］ | 禾 のぎへん | 秒速《びょうそく》・数秒《すうびょう》 秒読《びょうよ》み | 秒秒秒秒秒秒秒秒秒 |
| 病 | 10 | ［ビョウ］（ヘイ）㊤［やまい］（やむ）㊥ | 疒 やまいだれ | 病気《びょうき》・急病《きゅうびょう》 重《おも》い病《やまい》 | 病病病病病病病病病病 |
| 品 | 9 | ［ヒン］［しな］ | 口 くち | 作品《さくひん》・商品《しょうひん》 手品《てじな》・品切《しなぎ》れ | 品品品品品品品品品 |

## フ

### 負 9
[フ] [まける] [まかす] [おう]
貝 こがい
勝負《しょうぶ》・根負《こんま》け
負《お》い目《め》
負負負負負負負負負

### 部 11
[ブ]
阝 おおざと
部品《ぶひん》・全部《ぜんぶ》
野球部《やきゅうぶ》
部部部部部部部部部部部

### 服 8
[フク]
月 つきへん
洋服《ようふく》・服《ふく》そう
作業服《さぎょうふく》
服服服服服服服服

### 福 13
[フク]
ネ しめすへん
福引《ふくび》き・幸福《こうふく》
福福福福福福福福福福福福福

### 物 8
[ブツ] [モツ] [もの]
牛 うしへん
荷物《にもつ》・動物《どうぶつ》
作物《さくもつ》・品物《しなもの》
物物物物物物物物

## ヘ

### 平 5
[ヘイ] [ビョウ] [たいら] [ひら]
干 かん いちじゅう
平和《へいわ》・平等《びょうどう》
平泳《ひらおよ》ぎ
平平平平平

### 返 7
[ヘン] [かえす] [かえる]
辶 しんにょう しんにゅう
返事《へんじ》・返送《へんそう》
仕返《しかえ》し
返返返返返返返

### 勉 10
[ベン]
力 ちから
勉強《べんきょう》・勉学《べんがく》
きん勉《べん》
勉勉勉勉勉勉勉勉勉勉

## ホ

### 放 8
[ホウ] [はなす] [はなつ] [はなれる] [ほうる]
攵 のぶん ぼくづくり
放送《ほうそう》・開放《かいほう》
手放《てばな》す
放放放放放放放放

## ミ

### 味 8
[ミ] [あじ] [あじわう]
口 くちへん
意味《いみ》・味方《みかた》
味見《あじみ》・味《あじ》つけ
味味味味味味味味

| 音 | 画数 | 漢字 | 読み | 部首 | 用例 |
| --- | --- | --- | --- | --- | --- |
| メ | 8 | 命 | [メイ] (ミョウ)(中) [いのち] | 口 くち | 命中《めいちゅう》・人命《じんめい》 命《いのち》がけ |
| | 9 | 面 | [メン] (おも)(中) (おもて)(中) (つら)(高) | 面 めん | 場面《ばめん》・地面《じめん》 水面《すいめん》・画面《がめん》 |
| モ | 11 | 問 | [モン] [とう] [とい] [とん] | 口 くち | 問題《もんだい》・問屋《とんや》 真意《しんい》を問《と》う |
| ヤ | 7 | 役 | [ヤク] (エキ)(中) | 彳 ぎょうにんべん | 配役《はいやく》・役目《やくめ》 主役《しゅやく》・役員《やくいん》 |
| | 16 | 薬 | [ヤク] [くすり] | 艹 くさかんむり | 薬品《やくひん》・農薬《のうやく》 薬局《やっきょく》・薬箱《くすりばこ》 |

| 音 | 画数 | 漢字 | 読み | 部首 | 用例 |
| --- | --- | --- | --- | --- | --- |
| ユ | 5 | 由 | [ユ] [ユウ] (ユイ)(高) (よし)(高) | 田 た | 由来《ゆらい》・自由《じゆう》 理由《りゆう》 |
| | 8 | 油 | [ユ] [あぶら] | 氵 さんずい | 石油《せきゆ》・油田《ゆでん》 油絵《あぶらえ》・油《あぶら》あげ |
| | 6 | 有 | [ユウ] (ウ)(中) [ある] | 月 つき | 有名《ゆうめい》・所有《しょゆう》 有《あ》り金《がね》 |
| | 12 | 遊 | [ユウ] (ユ)(高) [あそぶ] | 辶 しんにょう しんにゅう | 遊園地《ゆうえんち》・遊具《ゆうぐ》 手遊《てあそ》び |
| ヨ | 4 | 予 | [ヨ] | 亅 はねぼう | 予想《よそう》・予感《よかん》 予定表《よていひょう》 |

## 6 羊

[ヨウ]
[ひつじ]

羊 ひつじ

羊毛《ようもう》・羊《ひつじ》かい
子羊《こひつじ》

羊羊羊羊羊羊

## 9 洋

[ヨウ]

氵 さんずい

洋服《ようふく》・洋室《ようしつ》
太平洋《たいへいよう》

洋洋洋洋洋洋洋洋洋

## 12 葉

[ヨウ]
[は]

艹 くさかんむり

落葉《らくよう》・葉書《はがき》
言葉《ことば》・落《お》ち葉《ば》

葉葉葉葉葉葉葉葉葉葉葉葉

## 12 陽

[ヨウ]

阝 こざとへん

陽気《ようき》・陽光《ようこう》
太陽《たいよう》

陽陽陽陽陽陽陽陽陽陽陽陽

## 14 様

[ヨウ]
[さま]

木 きへん

様子《ようす》・様式《ようしき》
王様《おうさま》・神様《かみさま》

様様様様様様様様様様様様様様

## ラ 12 落

[ラク]
[おちる]
[おとす]

艹 くさかんむり

落語《らくご》・落下《らっか》
落《お》ち葉《ば》

落落落落落落落落落落落落

## リ 10 流

[リュウ]
(ル)㊢
[ながれる]
[ながす]

氵 さんずい

合流《ごうりゅう》・上流《じょうりゅう》
流《なが》れ星《ぼし》

流流流流流流流流流流

## 10 旅

[リョ]
[たび]

方 ほうへん かたへん

旅行《りょこう》・旅館《りょかん》
旅人《たびびと》・旅先《たびさき》

旅旅旅旅旅旅旅旅旅旅

## 6 両

[リョウ]

一 いち

両親《りょうしん》・両手《りょうて》
三両《さんりょう》

両両両両両両

## 14 緑

[リョク]
(ロク)㊢
[みどり]

糸 いとへん

緑地《りょくち》・緑茶《りょくちゃ》
緑色《みどりいろ》

緑緑緑緑緑緑緑緑緑緑緑緑緑緑

| 索引 | 画数 | 漢字 | 読み | 部首 | 用例 | 筆順 |
|---|---|---|---|---|---|---|
| レ | 5 | 礼 | [レイ] (ライ)㊌ | ネ しめすへん | 礼服《れいふく》・朝礼《ちょうれい》 目礼《もくれい》 | 礼礼礼礼礼 |
| | 6 | 列 | [レツ] | リ りっとう | 行列《ぎょうれつ》・整列《せいれつ》 二列目《にれつめ》・列車《れっしゃ》 | 列列列列列列 |
| | 14 | 練 | [レン] [ねる] | 糸 いとへん | 練習《れんしゅう》 計画《けいかく》を練《ね》る | 練練練練練練練練練練練練練練 |
| ロ | 13 | 路 | [ロ] [じ] | 足 あしへん | 道路《どうろ》・路面《ろめん》 線路《せんろ》・水路《すいろ》 | 路路路路路路路路路路路路路 |
| ワ | 8 | 和 | [ワ] (オ)㊌ (やわらぐ)㊥ (やわらげる)㊥ (なごやか)㊥ (なごむ)㊥ | 口 くち | 和室《わしつ》・平和《へいわ》 和紙《わし》・和《わ》が子《し》 | 和和和和和和和和 |

資料《しりょう》

# 重要《よう》な じゅく字訓《くん》・当て字

「読み」や「書きとり」などでは、じゅく字訓《くん》・当て字の問題もよく出題されます。

**使い方**▼読みの部分をかくして、読めるかどうかチェックしてみましょう。

| 漢字 | 読み |
|---|---|
| 明日 | あす |
| 大人 | おとな |
| 母さん | かあさん |
| 川原 | かわら |
| 今日 | きょう |
| 今朝 | けさ |
| 今年 | ことし |
| 上手 | じょうず |
| 七夕 | たなばた |
| 一日 | ついたち |
| 父さん | とうさん |
| 時計 | とけい |
| 兄さん | にいさん |
| 姉さん | ねえさん |
| 二十日 | はつか |
| 一人 | ひとり |
| 二人 | ふたり |
| 二日 | ふつか |
| 下手 | へた |
| 部屋 | へや |
| 真面目 | まじめ |
| 真っ赤 | まっか |
| 真っ青 | まっさお |
| 八百屋 | やおや |

## 本さつ 14~15ページ

## A 漢字の読み①

1 かわ
2 お
3 かる
4 はんたい
5 ちゅうおう
6 かぞく
7 ひろ
8 みずうみ
9 こおり
10 うつく
11 さら

12 は
13 の
14 べんきょう
15 のうか
16 どうわ
17 ま
18 たいよう
19 れい
20 ふか
21 まつ
22 けんきゅう

23 みどり
24 う
25 せいり
26 せかい
27 りょこう
28 ひつじ
29 ぶんしょう
30 なみ
31 いき
32 まも
33 みなと
34 わる
35 ゆうめい

36 しま
37 きょねん
38 みじか
39 にもつ
40 さかみち
41 よこ
42 ゆ

### かいせつ

3 「軽い」⇕「重い」

20 「深い」⇕「あさい」

35 「有名」は、その人のことがよく知られていること。

38 「短い」⇕「長い」

## 本さつ 16~17ページ

## A 漢字の読み②

1 あつ
2 は
3 どうぐ
4 はな
5 な
6 およ
7 そうだん
8 もう
9 なが
10 しゅくだい
11 ようす

12 はし
13 と
14 ゆび
15 どうろ
16 ちく
17 はこ
18 つぎ
19 りょうほう
20 びょういん
21 たす
22 す

23 う
24 こくばん
25 ぎんこう
26 お
27 よてい
28 ぎょうれつ
29 きゅうしゅう
30 えき
31 お
32 しんぱい
33 の
34 し
35 つか
36 かかり

37 きかん
38 さむ
39 かせき
40 くら
41 てつ
42 とかい

**かいせつ**

1 「暑い」⇕「寒い」
7 「相」の音読みは「ソウ」。「手相」などと使う。
18 「次」の音読みは「ジ」。「次回」などと使う。
19 「両方」⇕「かた方」
37 「期間」は、ある一定のあいだの時間。

---

本さつ 18~19ページ

## A 漢字の読み③

1 でんちゅう
2 むかしばなし
3 しんちょう
4 かいがん
5 てちょう
6 きし
7 か
8 おくじょう
9 はこ
10 みや
11 よそう
12 あいて

13 せきゆ
14 しゃしん
15 ちゅうもん
16 いそ
17 いしゃ
18 いのち
19 しょうてん
20 にわ
21 じめん
22 しゃこ
23 さぎょう
24 そだ

25 きも
26 にかい
27 ようふく
28 くば
29 ゆげ
30 くちぶえ
31 ぐ
32 へや
33 ま
34 かんそう
35 ち
36 くうこう
37 む
38 ぶんこ

39 う
40 にばい
41 ふでばこ
42 あじ

**かいせつ**

9 「運」の音読みは「ウン」。
15 × 「注門」「注問」
34 「感想」は、あることについて感じたことや思ったこと。

本さつ 20~21ページ

## A 書き順《じゅん》①

| | | | | | | | | | | | | |
|---|---|---|---|---|---|---|---|---|---|---|---|---|
| 番号 | 1 | 2 | 3 | 4 | 5 | 6 | 7 | 8 | 9 | 10 | 11 | 12 |
| 答え | 3 | 7 | 6 | 11 | 3 | 6 | 3 | 8 | 5 | 4 | 4 | 3 |
| 番号 | 13 | 14 | 15 | 16 | 17 | 18 | 19 | 20 | 21 | 22 | 23 | 24 |
| 答え | 9 | 4 | 7 | 7 | 6 | 4 | 8 | 7 | 7 | 9 | 6 | 7 |
| 番号 | 25 | 26 | 27 | 28 | 29 | 30 | 31 | 32 | 33 | 34 | 35 | 36 |
| 答え | 7 | 3 | 10 | 11 | 11 | 10 | 14 | 6 | 7 | 10 | 12 | 12 |
| 番号 | 37 | 38 | 39 | 40 | 41 | 42 | 43 | 44 | 45 | 46 | 47 | 48 |
| 答え | 12 | 13 | 10 | 9 | 13 | 9 | 8 | 5 | 16 | 14 | 10 | 11 |

| | | | | |
|---|---|---|---|---|
| 番号 | 49 | 50 | 51 | 52 |
| 答え | 12 | 12 | 8 | 14 |
| 番号 | 53 | 54 | 55 | 56 |
| 答え | 9 | 11 | 10 | 9 |

本さつ 22~23ページ

## A 書き順《じゅん》②

| | | | | | | | | | | | | |
|---|---|---|---|---|---|---|---|---|---|---|---|---|
| 番号 | 1 | 2 | 3 | 4 | 5 | 6 | 7 | 8 | 9 | 10 | 11 | 12 |
| 答え | 6 | 4 | 6 | 1 | 9 | 7 | 5 | 10 | 3 | 5 | 3 | 6 |
| 番号 | 13 | 14 | 15 | 16 | 17 | 18 | 19 | 20 | 21 | 22 | 23 | 24 |
| 答え | 6 | 10 | 5 | 5 | 4 | 2 | 8 | 9 | 6 | 4 | 9 | 6 |
| 番号 | 25 | 26 | 27 | 28 | 29 | 30 | 31 | 32 | 33 | 34 | 35 | 36 |
| 答え | 4 | 3 | 4 | 5 | 10 | 14 | 13 | 12 | 13 | 11 | 13 | 14 |
| 番号 | 37 | 38 | 39 | 40 | 41 | 42 | 43 | 44 | 45 | 46 | 47 | 48 |
| 答え | 11 | 10 | 7 | 9 | 16 | 11 | 8 | 11 | 12 | 10 | 6 | 5 |

| | | | | |
|---|---|---|---|---|
| 番号 | 49 | 50 | 51 | 52 |
| 答え | 9 | 7 | 9 | 13 |
| 番号 | 53 | 54 | 55 | 56 |
| 答え | 14 | 5 | 15 | 8 |

本さつ 24~25ページ

## A 対義語《ぎ》 ①

1 （暗）い
2 （深）い
3 反（対）
4 （守）る
5 （全）体
6 （死）ぬ
7 （悲）しい
8 （起）きる
9 （追）う
10 （両）方
11 （悪）い
12 （短）い

13 （横）
14 （曲）げる
15 （軽）い
16 （拾）う
17 （昔）
18 （他）人
19 （暑）い
20 （負）ける
21 （苦）い
22 （相）手
23 （開）く
24 （苦）しい

25 （消）す
26 （始）まる
27 （登）校
28 （進）む
29 （反）対
30 （重）い
31 （去）年
32 心（配）
33 （安）い

本さつ 26~27ページ

## A 同じ部首の漢字 ①

1 庫・2 庭
3 速・4 進
5 悪・6 息
7 助・8 勉
9 急・10 意
11 登・12 発
13 遊・14 運
15 安・16 客
17 笛・18 箱
19 返・20 追
21 油・22 泳
23 守・24 実

25 柱・26 根
27 屋・28 局
29 感・30 悲
31 薬・32 荷

33 院・34 陽
35 温・36 流
37 宿・38 宮
39 係・40 代
41 葉・42 苦
43 題・44 顔

本さつ 28~29ページ

## A 同じ読みの漢字 ①

1 由
2 有
3 遊
4 陽
5 洋
6 様

7 員
8 院
9 習
10 州
11 集
12 終

13 球
14 究
15 急
16 真
17 身
18 進
19 階
20 界
21 開
22 相
23 想
24 送

25 局
26 曲
27 章
28 消
29 商
30 勝
31 委
32 医
33 意
34 帳
35 調
36 丁

本さつ 30~31ページ

## A 送りがな①

1 美しい
2 等しい
3 苦しい
4 整える
5 悲しい
6 流れる
7 受ける
8 育てる
9 温かい
10 平たい
11 重ねる
12 植える

13 味わう
14 起きる
15 始まる
16 助ける
17 注ぐ
18 定める
19 投げる
20 転がる

**かいせつ**

1 ×美くしい
3 ×苦い
9 ×温い
13 ×味う
16 ×助る

本さつ 32~33ページ

## A 音読みと訓《くん》読み①

1 たんしょ
2 みじか
3 きおん
4 あたた
5 こんき
6 ね
7 じっこう
8 み
9 せきゆ
10 あぶら
11 ほどうきょう
12 はし

13 でんちゅう
14 はしら
15 しんぱい
16 くば
17 すいえい
18 およ
19 おくじょう
20 やね
21 りょこう
22 たび
23 じょうしゃ
24 の

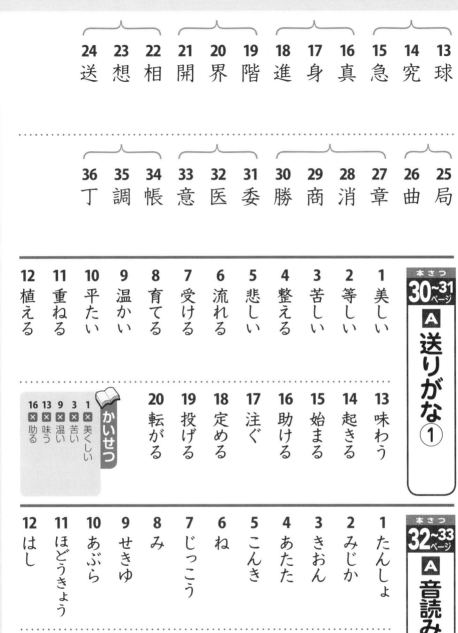

25 へんじ
26 かえ
27 くうこう
28 みなと
29 たいいく
30 そだ
31 さくひん
32 しなもの
33 きょねん
34 さ
35 そくど
36 はや

本さつ 34~35ページ

## A 音読みと訓《くん》読み②

1 じてんしゃ
2 ころ
3 こくばん
4 いた
5 あんき
6 くら
7 かいがん
8 きし
9 さっきょく
10 ま
11 はんたい
12 そ
13 ひょうし
14 おもて
15 じょうりゅう
16 なが
17 みかた
18 あじ
19 あんしん
20 やすう
21 いっちゃく
22 き
23 ほうそう
24 はな
25 せいり
26 ととの
27 ほうこう
28 む
29 あくにん
30 わる
31 うんてん
32 はこ
33 だいきん
34 か
35 けっしょう
36 き

本さつ 36~37ページ

## A 漢字の書きとり①

1 海外に行って 1 世《せ》 2 界《かい》 の広さを実感する。
2 3 駅《えき》 の改札《かいさつ》口を出たところで友人を 4 待《ま》 つ。
3 船が荷物を降ろし終え、ゆっくりと次の 5 港《みなと》 に 6 向《む》 かう。
4 山でとった 7 写《しゃ》 8 真《しん》 をリビングにかざった。
5 スタンドは体 9 育《いく》 大会の 10 客《きゃく》 でいっぱいだ。

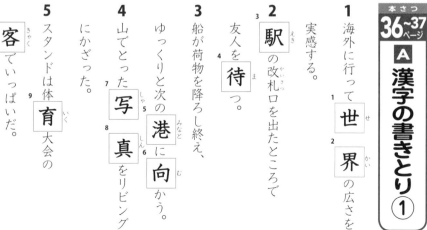

**6** [11]旅《りょ》行のときはいつもより早く[12]起《お》きる。

**7** 太[13]陽《よう》と[14]畑《はたけ》の土がおいしい野菜《さい》を育てる。

**8** テストの結《けっ》果《か》をもとに家族と先生に[15]相《そう》[16]談《だん》する。

**9** 買ってもらった自[17]転《てん》車に初《はじ》めて[18]乗《の》る。

**10** 地元を歩き回ってれきしを[19]研《けん》[20]究《きゅう》している。

**11** [21]美《うつく》しい花と、緑の[22]葉《は》が目に飛《と》びこんできた。

**12** 友人が[23]反《はん》[24]対《たい》意見を短めに話した。

**13** 夏休みは近くの[25]湖《みずうみ》で友人と[26]泳《およ》ぐつもりだ。

**14** [27]島《しま》の中[28]央《おう》にある小高い山に登る。

本さつ 38~39ページ

## A 漢字の書きとり②

**1** 話題の本の読書[1]感《かん》[2]想《そう》文を書く。

**2** 正月は[3]昔《むかし》からある大きな[4]神《じん》社に行く。

**3** 毎日少しの時間でも[5]勉《べん》[6]強《きょう》することが大切だ。

**4** 家の前の道[7]路《ろ》はあかりがなくて[8]暗《くら》い。

**5** 実家の母から大きな[9]荷《に》[10]物《もつ》がとどく。

**6** 海[11]岸《がん》に大きな[12]波《なみ》が打ちよせる。

**7** [13]息《いき》が白く見えるほど[14]寒《さむ》い夜だ。

**8** [15]宿《しゅく》[16]題《だい》が終わったので買い物に行く。

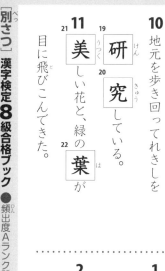

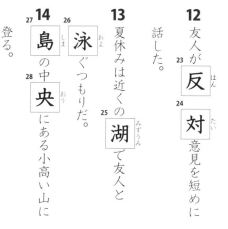

**9** えき体が 17 箱《はこ》からもれて 18 流《なが》れる
前に回しゅうしたい。

**10** ビワの木が 19 短《みじか》い間に
大きな 20 実《み》をつけた。

**11** 21 安《あん》 22 全《ぜん》をたしかめて
おうだん歩道をわたる。

**12** そばを 23 打《う》つ道 24 具《ぐ》を
買いそろえる。

**13** 使っている 25 皿《さら》は 26 去《きょ》年
いただいたものだ。

**14** 作り方を 27 調《しら》べるために
図書 28 館《かん》へ行く。

---

本さつ 40~41ページ

## A 漢字の書きとり③

**1** テストで予想外の 1 問《もん》 2 題《だい》が
出た。

**2** 3 整《せい》 4 理《り》された部屋は
気持ちがいい。

**3** 対戦《せん》相手の動きには
5 注《ちゅう》 6 意《い》したい。

**4** 商品を落とさないよう 7 両《りょう》手で
8 持《も》つ。

**5** 調べていたテーマについて、
クラスで 9 発《はっ》 10 表《ぴょう》する。

**6** 友人は二年間、図書 11 委《い》 12 員《いん》を
つとめている。

**7** 13 庭《にわ》にマーガレットのなえを
14 植《う》える。

**8** 今週の当番の名前を
15 黒《こく》 16 板《ばん》に書く。

**9** 校 17 庭《てい》でドッジボールをして
夕方まで 18 遊《あそ》ぶ。

**10** 町内会の活動に家族 19 全《ぜん》 20 員《いん》で
参加《さんか》する。

**11** 暑い夏の日、麦茶に 21 氷《こおり》を入れて

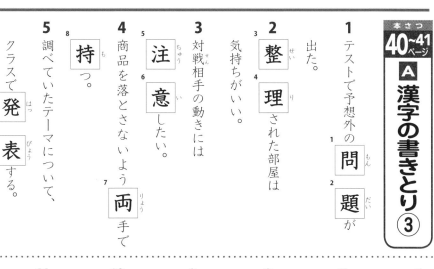

22 飲《の》む。

**12** 人気タレントが主役のドラマが 23 放《ほう》 24 送《そう》された。

**13** 25 童《どう》 26 話《わ》作家を目指して勉強している。

**14** 文具店で手 27 帳《ちょう》フェアが 28 始《はじ》まる。

本さつ 42~43ページ

## A 漢字の書きとり④

**1** お 1 祭《まつ》りは日が 2 落《お》ちるころから人が集まる。

**2** 3 化《か》石のてんじ会は三月に開かれる 4 予《よ》定だ。

**3** ミスをしないようにくり返し 5 練《れん》 6 習《しゅう》する。

**4** この高台はわたしのお気に入りの 7 場《ば》 8 所《しょ》だ。

**5** 9 急《きゅう》に具合が悪くなったので 10 薬《くすり》を飲んだ。

**6** 雨の日の体 11 育《いく》 12 館《かん》は人でいっぱいになる。

**7** たのまれた仕事が 13 全《ぜん》 14 部《ぶ》終わった。

**8** 15 家族《ぞく》でくり 16 拾《ひろ》いに出かけた。

**9** 17 緑《みどり》の山々と湖をかいた 18 有《ゆう》名な絵画だ。

**10** 絵の 19 具《ぐ》の青を使って 20 住《す》む町の空をえがく。

**11** はん人を 21 追《お》って、22 主《しゅ》人公がかけ出した。

**12** 23 指《ゆび》を寒さから 24 守《まも》るため、手ぶくろをつけた。

**13** 25 重《おも》いボールで 26 野球《きゅう》のトレーニングをする。

**14** 本の整理のお 27 礼《れい》に荷物 28 運《はこ》びを手つだった。

本さつ 44~45ページ

## B 漢字の読み①

1 ほうそう
2 じてんしゃ
3 しら
4 としょかん
5 ちかてつ
6 け
7 じゆう
8 きゃく
9 れんしゅう
10 いいん
11 ほうこう

12 くん
13 のうえん
14 あそ
15 しごと
16 こうてい
17 うえき
18 つ
19 じゅうしょ
20 りゆう
21 ぶえ
22 くる

23 ひら
24 ぴつ
25 やく
26 かな
27 すみ
28 はや
29 いちれつ
30 か
31 すす
32 ちょうし
33 も
34 こうふく
35 にがて

36 ぎん
37 きごう
38 おんど
39 あんぜん
40 やっきょく
41 やきゅう
42 はな

**かいせつ**

31 「進」の音読みは「シン」。「進行」「前進」などと使う。

本さつ 46~47ページ

## B 漢字の読み②

1 かえ
2 てっきょう
3 つうがくろ
4 たいじゅう
5 あつ
6 むかし
7 すいえい
8 おおむかし
9 おも
10 しゅじんこう
11 み

12 ことば
13 いけん
14 きょく
15 いっちょう
16 もんだい
17 はたけ
18 ひと
19 のぼ
20 こひつじ
21 き
22 だいひょう

23 たいいく
24 ぜんぶ
25 しょうか
26 さか
27 お
28 ば
29 ようぐ
30 ばんごう
31 あぶら
32 だいどころ
33 き
34 じんじゃ
35 しょうひん
36 じっこう

37 ふで
38 えきまえ
39 れっしゃ
40 むしば
41 ちゅうい
42 ちきゅう

**かいせつ**

5 「集」の音読みは「シュウ」。「集会」などと使う。

15 豆ふは「一丁、二丁」と数える。

25 「消火」と書いて「火を消す」。

本さつ 48～49ページ

## B 漢字の読み ③

1 おく
2 せきたん
3 さけ
4 てじな
5 しゃせい
6 はじ
7 こんき
8 ま
9 いちめん
10 くすり
11 けってい
12 けんりつ

13 まめ
14 てつどう
15 やね
16 ゆうえんち
17 へんじ
18 ふく
19 すいぞくかん
20 きんじょ
21 とざん
22 じだい
23 そそ
24 しょうぶ

25 しゅっけつ
26 さくひん
27 けんどう
28 ね
29 あぶらえ
30 そくど
31 たいいくかん
32 にっきちょう
33 こうしん
34 けっしょう
35 ぎんいろ
36 そだ
37 にゅういん
38 かみさま

39 ととの
40 む
41 びょうき
42 あじ

**かいせつ**

5 「写生」は目の前の物を写すこと。スケッチ。

8 「曲」の音読みは「キョク」。「曲線、名曲」などと使う。

23 「注」の音読みは「チュウ」。「注入」などと使う。

28 「練る」はこねてかためること。

## 本さつ 50~51ページ B 漢字の読み④

1 めいちゅう
2 しゅっぱつ
3 かさ
4 しゅうごう
5 じき
6 ね
7 きゅうこん
8 きたい
9 かい
10 お
11 じつりょく
12 しゅうてん
13 とうこう
14 せいれつ
15 お
16 しあ
17 しあわ
18 はっぴょうかい
19 びょう
20 はじ
21 ようい
22 あんき
23 しゅご
24 いた
25 かいてん
26 せんろ
27 きおん
28 おやゆび
29 ぜんいん
30 じょうとう
31 やくめ
32 だいきん
33 ひっさん
34 ひら
35 ばしょ
36 あきまつ
37 さ
38 みおく
39 ぜんりょく
40 たびさき
41 し
42 しき

**かいせつ**

7 「球根」は、植物の球形の根。
10 「落」の音読みは「ラク」。「落下、落語」などと使う。

## 本さつ 52~53ページ B 書き順《じゅん》①

| | | | | | | | | | | | |
|---|---|---|---|---|---|---|---|---|---|---|---|
| 1 | 2 | 3 | 4 | 5 | 6 | 7 | 8 | 9 | 10 | 11 | 12 |
| 9 | 3 | 7 | 8 | 11 | 10 | 11 | 2 | 7 | 6 | 12 | 3 |
| 13 | 14 | 15 | 16 | 17 | 18 | 19 | 20 | 21 | 22 | 23 | 24 |
| 12 | 9 | 6 | 11 | 4 | 8 | 10 | 9 | 8 | 3 | 6 | 3 |
| 25 | 26 | 27 | 28 | 29 | 30 | 31 | 32 | 33 | 34 | 35 | 36 |
| 9 | 4 | 3 | 2 | 7 | 9 | 9 | 9 | 12 | 8 | 10 | 11 |
| 37 | 38 | 39 | 40 | 41 | 42 | 43 | 44 | 45 | 46 | 47 | 48 |
| 10 | 12 | 9 | 9 | 12 | 11 | 5 | 12 | 8 | 11 | 12 | 16 |

| 49 | 50 | 51 | 52 | 53 |
|---|---|---|---|---|
| 15 | 12 | 8 | 15 | 11 |

| 54 | 55 | 56 |
|---|---|---|
| 9 | 11 | 16 |

本さつ 54~55ページ

## B 書き順《じゅん》②

| 1 | 2 | 3 | 4 | 5 | 6 |
|---|---|---|---|---|---|
| 6 | 8 | 7 | 5 | 8 | 2 |

| 7 | 8 | 9 | 10 | 11 | 12 |
|---|---|---|---|---|---|
| 8 | 7 | 5 | 11 | 8 | 12 |

| 13 | 14 | 15 | 16 | 17 | 18 |
|---|---|---|---|---|---|
| 5 | 3 | 10 | 6 | 9 | 8 |

| 19 | 20 | 21 | 22 | 23 | 24 |
|---|---|---|---|---|---|
| 3 | 7 | 8 | 4 | 5 | 8 |

| 25 | 26 | 27 | 28 | 29 | 30 | 31 | 32 | 33 | 34 | 35 | 36 | 37 | 38 |
|---|---|---|---|---|---|---|---|---|---|---|---|---|---|
| 6 | 7 | 6 | 6 | 11 | 6 | 12 | 7 | 9 | 8 | 12 | 9 | 8 | 10 |

| 39 | 40 | 41 | 42 | 43 | 44 | 45 | 46 | 47 | 48 | 49 | 50 | 51 | 52 |
|---|---|---|---|---|---|---|---|---|---|---|---|---|---|
| 12 | 12 | 6 | 9 | 9 | 12 | 12 | 5 | 10 | 10 | 9 | 8 | 12 | 8 |

| 53 | 54 | 55 | 56 |
|---|---|---|---|
| 9 | 13 | 7 | 10 |

本さつ 56~57ページ

## B 書き順《じゅん》③

| 1 | 2 | 3 | 4 | 5 | 6 | 7 | 8 | 9 | 10 | 11 | 12 |
|---|---|---|---|---|---|---|---|---|---|---|---|
| 7 | 5 | 5 | 8 | 9 | 5 | 10 | 4 | 5 | 6 | 8 | 4 |

| 13 | 14 | 15 | 16 | 17 | 18 | 19 | 20 | 21 | 22 | 23 | 24 |
|---|---|---|---|---|---|---|---|---|---|---|---|
| 4 | 8 | 7 | 4 | 7 | 6 | 8 | 3 | 3 | 11 | 6 | 9 |

| 25 | 26 | 27 | 28 | 29 | 30 | 31 | 32 | 33 | 34 | 35 | 36 |
|---|---|---|---|---|---|---|---|---|---|---|---|
| 5 | 5 | 2 | 9 | 6 | 8 | 8 | 12 | 5 | 9 | 13 | 12 |

| 37 | 38 | 39 | 40 | 41 | 42 | 43 | 44 | 45 | 46 | 47 | 48 |
|---|---|---|---|---|---|---|---|---|---|---|---|
| 13 | 8 | 9 | 12 | 7 | 10 | 13 | 5 | 8 | 8 | 4 | 8 |

| 49 | 50 | 51 | 52 | 53 | 54 | 55 | 56 |
|---|---|---|---|---|---|---|---|
| 8 | 12 | 15 | 5 | 8 | 10 | 7 | 11 |

本さつ 58~59ページ

## B 書き順《じゅん》④

1 3
2 5
3 7
4 10
5 4
6 8
7 7
8 10
9 6
10 1
11 6
12 7
13 7
14 4
15 6
16 4
17 5
18 7
19 9
20 10
21 7
22 6
23 8
24 10
25 4
26 6
27 10
28 11
29 8
30 5
31 18
32 6
33 5
34 13
35 9
36 5
37 6
38 5
39 7
40 9
41 10
42 4
43 8
44 7
45 9
46 9
47 9
48 8
49 11
50 5
51 5
52 9
53 6
54 10
55 8
56 6

本さつ 60~61ページ

## B 対義語《ぎ》①

1 (配)る
2 (洋)食
3 (着)る
4 (全)部
5 (動)く
6 (落)とす
7 (終)わる
8 (消)火
9 (寒)い
10 (安)全
11 出(発)
12 (送)る
13 (返)す
14 (安)心
15 (短)所
16 (受)ける
17 (勝)つ
18 (曲)線
19 (去)る
20 (習)う
21 (乗)る
22 (部)分
23 (終)わり
24 (悲)しむ
25 (横)書き
26 (苦)手
27 (登)山
28 (集)まる
29 (洋)服
30 (動)かす
31 (集)める
32 (負)け
33 (投)げる

本さつ 62~63ページ

## B 同じ部首の漢字①

1 福・2 神
3 指・4 持
5 他・6 倍
7 洋・8 注
9 銀・10 鉄
11 談・12 調
13 板・14 橋
15 緑・16 終
17 植・18 横
19 軽・20 転
21 送・22 遠
23 決・24 消

25 整・26 放
27 住・28 仕
29 飲・30 館
31 待・32 役
33 筆・34 等
35 投・36 拾
37 落・38 茶
39 練・40 細
41 波・42 港
43 寒・44 室

### かいせつ

7・8 ほかに「温、流」などがある。
25・26 ほかに「教、数」などがある。
33・34 ほかに「第、答」などがある。
43・44 ほかに「守、実」などがある。

本さつ 64~65ページ

## B 同じ読みの漢字①

1 仕 2 始 3 死 4 使
5 秒 6 病

7 写 8 者
9 代 10 題
11 服 12 福

13 安 14 暗
15 館 16 感
17 研 18 県
19 豆 20 登 21 島 22 等
23 役 24 薬
25 住 26 重

27 柱 28 注
29 決 30 血
31 事 32 次
33 動 34 童
35 炭 36 短

本さつ 66~67ページ

## B 送りがな①

1 負ける
2 決める
3 運ぶ
4 短い
5 配る
6 調べる
7 落ちる
8 集める
9 消える
10 化ける
11 開く
12 曲げる

13 温める
14 写す
15 習う
16 深い
17 転がす
18 泳ぐ
19 放す
20 拾う

かいせつ

2 ×「決る」
7 ×「落る」
17 ×「転す」

本さつ 68~69ページ

## B 音読みと訓《くん》読み①

1 しんちょう
2 み
3 きたい
4 ま
5 とうこう
6 のぼ
7 かせき
8 ば
9 れんしゅう
10 なら
11 じゅうしょ
12 す

13 ちょうし
14 しら
15 こうてい
16 にわ
17 たいじゅう
18 おも
19 いっとう
20 ひと
21 もんだい
22 と
23 してい
24 ゆび

25 きゅうこう
26 いそ
27 しゃしん
28 うつ
29 しょくぶつ
30 う

31 ちゅうい
32 そそ
33 きてき
34 くちぶえ
35 もくじ
36 つぎ

本さつ 70~71ページ

## B 音読みと訓《くん》読み②

1 やっきょく
2 くすり
3 しゅっけつ
4 ち
5 そうだん

6 あいて
7 めいちゅう
8 いのち
9 ゆうえんち
10 あそ

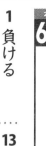

11 くしん
12 くる
13 しょうか
14 け
15 ようす
16 おうさま
17 しゅうてん
18 お
19 すいへいせん
20 たい
21 ぜんしん
22 すす
23 ほうそう
24 みおく

25 うんどうかい
26 うご
27 しゅうごう
28 あつ
29 はんとう
30 しま
31 しゅじんこう
32 おも
33 ひっさん
34 ふで
35 しぎょうしき
36 はじ

本さつ 72~73ページ

## B 漢字の書きとり①

1 水道工 1 事《じ》が始まり、2 深《ふか》いあながほられた。

2 3 病《びょう》4 院《いん》によってから学校に行くつもりだ。

3 地しんで 5 屋《や》6 根《ね》のかわらがわれた。

4 7 笛《ふえ》をふきながら歩いて行 8 列《れつ》の先頭に出る。

5 全国にちらばったふしぎな石を 9 集《あつ》める 10 物《もの》語だ。

6 親るいが集まると 11 昔《むかし》話でお酒が 12 進《すす》む。

7 用語の 13 意《い》14 味《み》をていねいに伝《つた》える。

8 毎日 15 運《うん》16 動《どう》しているので体調がいい。

9 めずらしいチョウがこの地 17 区《く》で 18 発《はっ》見された。

10 19 住《じゅう》20 所《しょ》が変《か》わったのでとどけ出た。

**11** 気 21 温《おん》を記ろくする 22 係《かかり》をまかされる。

**12** 23 坂《さか》道を登りきったところに 24 運《うん》動場がある。

**13** 学級文 25 庫《こ》に本を 26 返《かえ》す。

**14** 27 豆《まめ》電球のしくみを中田 28 君《くん》から教わる。

---

本さつ 74~75ページ

## B 漢字の書きとり②

**1** とても好《す》きな 1 曲《きょく》だがかしの言 2 葉《ば》がむずかしい。

**2** 水 3 族《ぞく》 4 館《かん》に新たな魚たちが加《くわ》わった。

**3** イベントで 5 緑《みどり》色のシャツを 6 着《き》る。

**4** 自然《ぜん》公園で 7 動《どう》 8 物《ぶつ》たちとふれ合う。

**5** 9 運《うん》動会のリハーサルを 10 始《はじ》める。

**6** 「人の 11 命《いのち》は地 12 球《きゅう》より重い」という一文がある。

**7** 13 銀《ぎん》行のまど口の仕事は夕方に 14 終《お》わる。

**8** 古くなった 15 洋《よう》 16 服《ふく》を整理する。

**9** 17 客《きゃく》船の室内の 18 温《おん》度が急に上がった。

**10** 19 始《し》 20 業《ぎょう》式で校長先生があいさつする。

**11** 花を育てる 21 仕《し》 22 事《ごと》がしたい。

**12** 子犬の 23 世《せ》話がしっかりできるか、とても心 24 配《ぱい》だ。

**13** 25 植《しょく》 26 物《ぶつ》を育てるのは根気がいる。

**14** 27 坂《さか》をかけ下りて先を 28 急《いそ》ぐ。

本さつ 76~77ページ

## B 漢字の書きとり③

**1** 地 1面《めん》にかいた線をみんなで 2消《け》す。

**2** 水 3泳《えい》大会で強い選《せん》手に 4勝《か》つことができた。

**3** 5軽《かる》い気 6持《も》ちでテストを受ける。

**4** 天気図を見て台風の進路を 7予《よ》 8想《そう》する。

**5** 体 9重《じゅう》を急にへらしすぎるのは体に 10悪《わる》い。

**6** 父が 11運《うん》 12転《てん》する自動車で出かけた。

**7** 九 13州《しゅう》地方の夏はとても 14暑《あつ》い。

**8** 石 15油《ゆ》などのエネルギーの勉強会を 16開《ひら》く。

**9** 17銀《ぎん》メダルを取った選《せん》手が書いた文 18章《しょう》を読む。

**10** 作物の 19取《と》り入れのために新しい作業 20服《ふく》を着る。

**11** 21医《い》 22者《しゃ》から病気の説《せつ》明を受けた。

**12** 家の 23屋《おく》上でたて 24笛《ぶえ》の練習をする。

**13** 世話をする 25羊《ひつじ》にそれぞれ番 26号《ごう》をつける。

**14** マラソンは運 27動《どう》場を出て赤い 28橋《はし》を通るコースだ。

本さつ 78~79ページ

## B 漢字の書きとり④

**1** 1決《き》められたプログラム通り運 2動《どう》会は進行する。

**2** 南口にある広場のベンチの 3横《よこ》に 4集《あつ》まる。

**3** 5 岸《きし》から飛《と》びこんでおぼれた人を 6 助《たす》ける。

**4** ドラマの場 7 面《めん》が変《か》わり 8 身《しん》長の高い役者が登場する。

**5** ゲームに 9 負《ま》けて、10 商《しょう》店がいを とぼとぼ歩いて帰る。

**6** 母は 11 病《びょう》気が悪化したため 入 12 院《いん》した。

**7** 体育のじゅ業では 13 鉄《てつ》ぼうと とび 14 箱《ばこ》がとく意だ。

**8** 前から十 15 列《れつ》目からが 自 16 由《ゆう》せきだ。

---

**9** 王 17 様《さま》は道を 18 曲《ま》がって、 森のおくの湖へ向かった。

**10** エレベーターは 19 次《つぎ》に六 20 階《かい》で 止まる。

**11** 音楽の時間にト音記 21 号《ごう》を 学 22 習《しゅう》する。

**12** 23 銀《ぎん》色に光って見える屋根の家で 24 育《そだ》った。

**13** 走るのが 25 速《はや》いチーターが、 えものを追って 26 動《うご》く。

**14** 27 農《のう》家の庭先から 山 28 登《のぼ》りをする人が見える。

---

**かいせつ**

**25** 「速い」は動くスピードがはやい場合に使う。「早い」は時期や時間がはやい場合に使う。

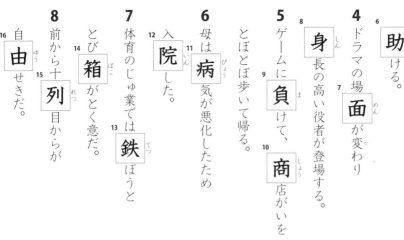

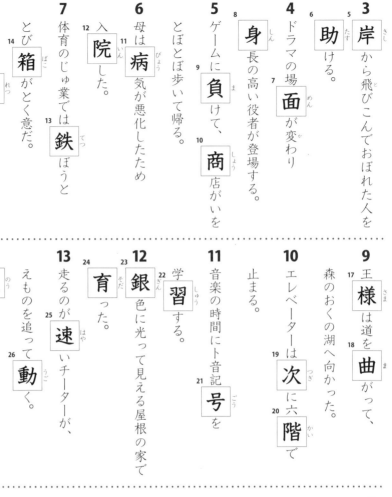

本さつ 80~81ページ

## C 漢字の読み①

1 あつ
2 はしら
3 たにん
4 はやお
5 おうさま
6 かいかいしき
7 はんとう
8 お
9 よこがお
10 みかた
11 もくじ
12 ほどうきょう
13 はっしゃ
14 まうえ
15 ゆびさき
16 なつまつ
17 ひょうし
18 てんこう
19 だいめい
20 みの
21 あんざん
22 はなうた
23 ま
24 かいめん
25 おんしつ
26 たび
27 こうそく
28 きじ
29 りょうて
30 き
31 なら
32 きょく
33 おも
34 うつ
35 しやくしょ
36 きゅう
37 うんてん
38 せわ
39 やす
40 かん
41 どうぶつえん
42 たこう

本さつ 82~83ページ

## C 漢字の読み②

1 きゅうじょう
2 かんどう
3 よこぎ
4 れっとう
5 しなもの
6 そ
7 うんどう
8 こ
9 こうじ
10 しぎょうしき
11 ころ
12 れつ
13 やまのぼ
14 もの
15 すいへいせん
16 ぜんしん
17 やくだ
18 きゅうよう
19 お
20 ね
21 ししゅう
22 いみ

23 がっきゅう
24 しゅやく
25 はっけん
26 やくいん
27 りょう
28 あんしん
29 あたたかい
30 はいしゃ
31 じかい
32 にだい
33 なが
34 くさぶえ
35 ほんしゅう
36 にゅうがくしき
37 うご
38 まめでんきゅう
39 ちゅうもく
40 しゅうじ
41 けっしん
42 ふか

---

本さつ 84~85ページ

## C 漢字の書きとり①

1 木の1板《いた》をたくさん使って大きな2物《もの》を作る。

2 3表《ひょう》4面《めん》はつるつるだが、うらはざらざらだ。

3 なじみの5薬《やっ》6局《きょく》は、今日も休みだった。

4 家に7筆《ふで》8箱《ばこ》をわすれた。

5 みんなに9配《くば》られたなえ木が二10倍《ばい》の長さになった。

6 大きく11育《そだ》ったきゅうりを12駅《えき》前のおばの家に持って行った。

7 夜中に急に13歯《は》がいたくなって14苦《くる》しんだ。

---

8 朝一番に出15発《ぱつ》するバスで商16品《ひん》を運ぶ。

9 17真《ま》っ白な紙の18申《もう》しこみ書に黒のえん筆で記入する。

10 19相《あい》手チームの自転車の20速《そく》度が落ちてきた。

11 21大昔《むかし》の人は、たたかうときに石を22投《な》げることもあった。

12 たのんでいた23物《ぶっ》24品《ぴん》が昼休みにとどいた。

13 ゆうびん26局《きょく》に行25列《れつ》ができる。

14 運動会の27開《かい》28会《かい》式が始まる。

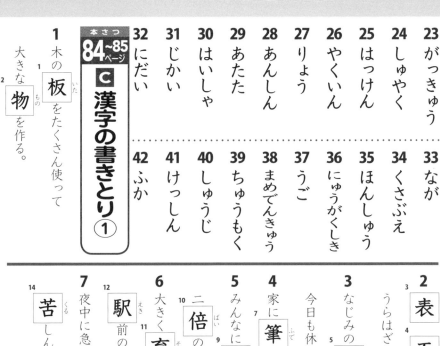

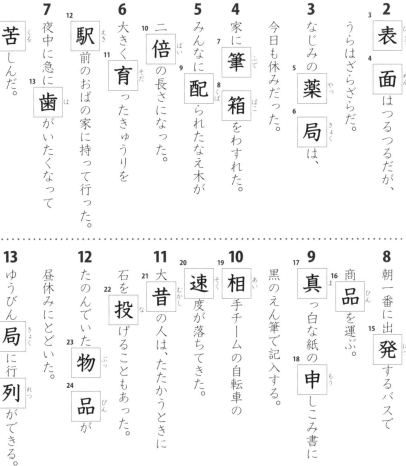

# 第1回 もぎテスト

## (一) 漢字の読み

1 ちゅうおう
2 うつく
3 にもつ
4 さかみち
5 えき
6 す
7 お
8 な
9 こくばん
10 およ
11 しんちょう
12 おくじょう
13 どうわ
14 じんじゃ
15 たいちょう
16 のうえん
17 しま
18 ま
19 だいどころ
20 お
21 かんどう
22 ひら
23 しょうてん
24 いそ
25 つ
26 しゃくしょ
27 やくめ
28 ふか
29 じっこう
30 にがて

## (二) 書き順《じゅん》

1 7
2 6
3 5
4 9
5 6
6 9
7 5
8 5
9 10
10 3

## (三) 対義《ぎ》語

1 (暗)い
2 (昔)
3 (他)人
4 (深)い
5 (消)火

## (四) 同じ部首の漢字

1 庫・2 庭
3 意・4 感
5 屋・6 局
7 油・8 消
9 待・10 後

## (五) 同じ読みの漢字

1 決 2 血
3 集 4 終
5 階 6 界
7 安 8 暗
9 医 10 意

## (六) 送りがな

1 温める
2 転がる
3 運ぶ
4 植える
5 集まる

## (七) 音読みと訓《くん》読み

1 そうだん
2 あいて
3 かいがん
4 ぎし
5 かな
6 ひめい
7 ひょうし
8 おもて
9 みかた
10 あじ

## (八) 漢字の書きとり

1 館
2 宿
3 波
4 流
5 運
6 荷
7 曲
8 銀
9 動
10 実
11 笛
12 習
13 登
14 飲
15 畑
16 葉
17 泳
18 想
19 開
20 整

本さつ 96～103ページ

# 第2回 もぎテスト

## (一) 漢字の読み

1 かてい
2 かる
3 しゅくだい
4 みどり
5 わる
6 ひつじ
7 かぞく
8 しき
9 の
10 たいよう
11 きょねん
12 くうこう
13 てちょう
14 はこ
15 きゅうしゅう
16 しんぱい
17 いのち
18 ちかてつ
19 いき
20 こうふく
21 やっきょく
22 としょかん
23 しごと
24 ゆび
25 みの
26 ししゅう
27 なが
28 ことば
29 びょうき
30 もくじ

## (二) 書き順《じゅん》

1 10
2 4
3 8
4 6
5 3
6 4
7 7
8 7
9 8
10 1

## (三) 対義《ぎ》語

1 (拾)う
2 (短)い
3 (暑)い
4 (全)部
5 (終)わる

## (四) 同じ部首の漢字

1 銀・2 鉄
3 発・4 登
5 整・6 放
7 安・8 客
9 荷・10 落

## (五) 同じ読みの漢字

1 秒 2 病
3 真 4 身
5 重 6 住
7 服 8 福
9 消 10 勝

## (六) 送りがな

1 悲しい
2 短い
3 定められた
4 曲げて
5 仕えた

## (七) 音読みと訓《くん》読み

1 れんしゅう
2 ね
3 こくばん
4 いた
5 てっきょう
6 はし
7 す
8 じゅうしょ
9 だいひょう
10 ちよがみ

## (八) 漢字の書きとり

1 湖
2 転
3 岸
4 泳
5 育
6 庭
7 温
8 路
9 神
10 祭
11 客
12 意
13 羊
14 横
15 両
16 院
17 題
18 員
19 炭
20 使

本さつ 104~111ページ

# 第3回 もぎテスト

## (一) 漢字の読み

1 せいり
2 はし
3 へや
4 でんちゅう
5 しら
6 きょねん
7 ようす
8 みや
9 どうぐ
10 こくばん
11 こんき
12 さぎょう
13 うえき
14 じゅう
15 おんしつ
16 よてい
17 はこ
18 れんしゅう
19 ちきゅう
20 あつ
21 ぶんしょう
22 ば
23 なつまつ
24 かみさま
25 あそ
26 あんざん
27 ふでばこ
28 りょこう
29 れっとう
30 あたた

## (二) 書き順《じゅん》

1 4
2 5
3 14
4 6
5 4
6 10
7 9
8 9
9 4
10 5

## (三) 対義《ぎ》語

1 (悲)しい
2 (集)まる
3 (両)方
4 (進)む
5 反(対)

## (四) 同じ部首の漢字

1 悪・2 急
3 軽・4 転
5 拾・6 指
7 他・8 代
9 速・10 進

## (五) 同じ読みの漢字

1 想 2 相
3 動 4 童
5 洋 6 様
7 球 8 究
9 有 10 由

## (六) 送りがな

1 流れる
2 平たく
3 育つ
4 注ぐ
5 実る

## (七) 音読みと訓読《くん》み

1 ちょうし
2 しら
3 ほうそう
4 はな
5 いっちゃく
6 つ
7 へんじ
8 かえ
9 なみ
10 でんぱ

## (八) 漢字の書きとり

1 族
2 旅
3 事
4 岸
5 坂
6 医
7 路
8 陽
9 界
10 全
11 反
12 表
13 庫
14 助
15 湯
16 着
17 指
18 美
19 寒
20 鼻

# MEMO

矢印の方向に引くと、取り外せます。→